Obst- und Gartenbauverlag München

Dr. Eleonore Hohenberger

Der Bauerngarten im Wandel der Zeiten

Den Garten aus seiner Geschichte verstehen lernen

Bayerischer Landesverband für Gartenbau und Landespflege e. V.

Herausgeber:
Bayerischer Landesverband für Gartenbau und Landespflege e. V.
Herzog-Heinrich-Straße 21, D-80336 München

E-Mail:
info@gartenbauvereine.org

Internet:
www.gartenratgeber.de

Bearbeitung:
Dr. E. Hohenberger. Fotos: Hohenberger (5), Votteler (76).
Zeichnungen: Mappes, Prehn.

Gesamtherstellung:
Ludwig Auer GmbH, Donauwörth

Auflage:
5. Auflage 2005, ISBN 3-87596-090-4

Vorwort

Bauerngärten sind in jeder Epoche ein Spiegel der allgemeinen Gartenkultur. In ihnen steckt die Gartenweisheit von Generationen. Diese Gärten ändern sich zwar ebenso wie ihre Zeit, jedoch viel behutsamer. Man erkennt ihren Wert erst dann, wenn sich ein Umdenken im Gartenverständnis anbahnt. So bilden Bauerngärten heute mit ihrer Vielseitigkeit und ihrem Pflanzenreichtum einen guten Kompromiss zwischen übertrieben gepflegten und allzu naturnahen Gärten.

Diese wichtige Aufgabe können sie aber nur wahrnehmen, wenn sie sich möglichst unverfälscht weiterentwickeln. Was früher unbewusst und wie selbstverständlich geschah, ist bei der heutigen Fülle von oft widersprüchlichen Informationen gar nicht mehr so leicht. Das Ziel dieser Broschüre soll es deshalb sein, den Bauerngarten aus seiner Geschichte heraus besser verständlich zu machen, damit die Bäuerinnen auch weiterhin seinem Stil treu bleiben können. Verbunden ist damit der Wunsch, dass alle Gartenfreunde verstärkt bewährte Bauerngartenpflanzen verwenden, weil sie sich auch für moderne Gärten hervorragend eignen.

Bayerischer Landesverband
für Gartenbau und Landespflege

Bauerngärten als Maßstab für die Gartenkultur
Altbewährte Pflanzen für neue Gärten
Gartenökologie und Biotope

So fing es an

Schon der Titel dieser Broschüre zeigt, dass der Bauerngarten kein statisches Gebilde ist. Wie alle anderen Gartenformen auch, war und ist er den Zeitströmungen, den praktischen Bedürfnissen der Eigentümer, den jeweiligen Gartenideen und auch der Mode unterworfen. Und wir Ökologen, Gartentheoretiker, Volkskundler und Nostalgiker, die wir landauf, landab mit dem Ruf „Rettet den Bauerngarten!" den Bauern auf die Nerven gehen, müssen uns fragen lassen: „Welche Art von Bauerngarten wollt ihr eigentlich retten?" Die Frage ist vor allem, wie weit soll man in die Geschichte zurückgehen, damit wir eifrigen und eifernden Idealisten, die wir fast durchwegs Städter sind, zufriedengestellt werden? Bei welcher Jahreszahl soll man die Gartengeschichte, die immer auch Bauerngartengeschichte ist, abschneiden, um den wirklich „echten" Bauerngarten zu haben? Wie soll der Bauerngarten aussehen, damit wir sonntäglich gekleideten Ausflügler unsere Autos anhalten, aussteigen und ausrufen: „Guckt nur, wie urig!"?

Diese etwas provokative Einführung ins Thema soll zeigen, dass es nicht genügt, sich des Bauerngartens mit strengen ökologischen Forderungen oder mit nostalgisch angehauchter Schwärmerei zu bemächtigen, sondern dass es heute beim Bauerngarten, wie in früheren Zeiten auch, zuallererst um die Bedürfnisse und um den Geschmack der Landwirte und Landfrauen selbst geht. Wenn wir dies bedacht haben, sollten wir hoffen, dass es gelingt, die Theorie, die Praxis und das Gefühl in Einklang zu bringen. Dann wollen wir uns als Zaungäste dem Bauerngarten nähern und freundlich hinüberrufen: „Rettet den Bauerngarten, denn er ist ein wichtiges Stück Lebensqualität für uns alle!"

Auch wenn Autoren, die bei Adam und Eva anfangen, unbeliebt sind bei den Lesern, sollten wir daran denken, dass die Geschichte der Menschheit in einem Garten begann. Wahrscheinlich ist all unser Bemühen um den Garten in den Tiefen unserer Seelen ein Suchen nach dem verlorenen Paradies. Dieser Garten Eden jedoch lag nicht bei uns in Mitteleuropa.

Ein Garten aus vorgeschichtlicher Zeit, wie ihn unsere Vorfahren vor vier- oder fünftausend Jahren angelegt haben könnten. Gelbe Rüben und Bohnen, Erbsen, Linsen und Pastinak wurden nach dem Aufkommen des Pfluges als Hackfrüchte von den übrigen Feldfrüchten abgesondert und in der Nähe des Hauses herangezogen. Meist war es eine Sippe, die nach praktischen Gesichtspunkten ihre Wohnungen und Stallungen um einen gemeinsamen Hof gruppierte, der dem Vieh als Auslauf diente. Vor diesem hatte der Flechtzaun die Kulturpflanzen zu schützen.

Kohlrübe

Pastinak

Linse

Nicht eben paradiesisch waren und sind bei uns die natürlichen Voraussetzungen.
Obwohl in Mitteleuropa seit der letzten Eiszeit Menschen leben, begann bei uns die Gartenkultur sehr spät und sehr bescheiden. Die Germanen lebten von der Viehzucht, der Jagd und ein wenig Feldbau, als in China, Indien, Persien, Ägypten, Griechenland und Rom bereits eine hohe Gartenkultur bestand. Als die Römer Germanien besiegt und besetzt hatten, spottete der römische Schriftsteller Tacitus im 1. Jahrhundert n. Chr. über die lächerliche Ärmlichkeit der germanischen Gärten, in denen außer Kohl, Mohrrüben und Hülsenfrüchten nichts Genießbares zu finden sei. Wahrhaftig, wir müssen gestehen, dass unsere wirklich ursprüngliche Flora kaum etwas hergibt, was sich als Gemüse zubereiten lässt und zur Kultivierung im Garten eignet. Allenfalls kommt der Feld- oder Rapunzelsalat in Frage, dessen Gemüsekarriere allerdings erst im späten Mittelalter begann. Und wer schon einmal eine wilde Möhre ausgegraben hat, ahnt, dass hundert Pflanzen kaum reichen, um für eine Familie ein Gemüsegericht zu kochen. Essbare Früchte dagegen verschenkt unsere heimatliche Natur in reichem Maße, und wie man durch Ausgrabungen bestätigen kann, wurden Schlehen, Weißdorn, Vogelbeeren, wilde Äpfel, wilde Birnen, Nüsse, Bucheckern und andere Früchte massenhaft und auf Vorrat gesammelt.

Möhre

Erbse

Mohn

Der Speiseplan vorgeschichtlicher Küchen ist gut bekannt, da sich die genauen Untersuchungen von Abfallgruben als recht aufschlussreich erwiesen. Besonders bei den Pfahlbauten wurden Küchenabfälle und Essensreste einfach ins Wasser gekippt, versanken im Schlick und wurden so konserviert. Dadurch ist es möglich, nicht nur die Arten, sondern auch die Mengenverhältnisse der angebauten oder gesammelten Gemüse und Früchte zu bestimmen.

Kornelkirsche

Haferpflaume

Myrobalane

Die Gartenkultur der Römer in Deutschland

Bald aber legten die Römer bei ihren Villen in den Städten Köln, Xanten, Utrecht, Trier und Mainz die ersten Gärten mit südländischen Nutz- und Zierpflanzen an. Bis zum Niederrhein und sogar bis Südschweden wurde Weinbau betrieben, woran man sieht, dass um die Zeitwende ein günstigeres Klima herrschte als heutzutage.
Schon sehr früh hatten die Römer aus dem Orient alle nur denkbaren Obstarten eingeführt. Im ersten Jahrhundert v. Chr. glich Italien nach den Schilderungen des gelehrten Schriftstellers Varro einem einzigen Obstgar-

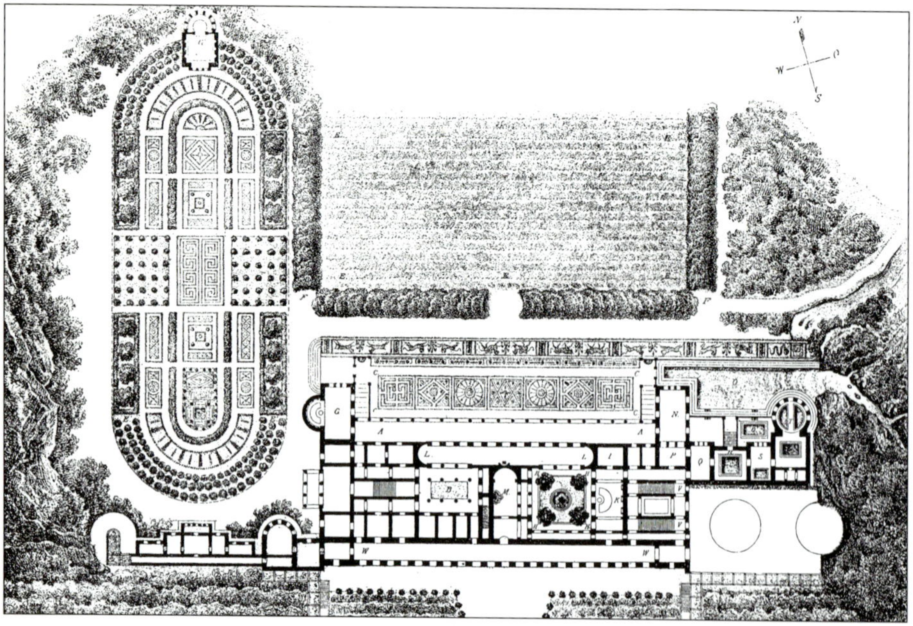

Solche römischen Gartenanlagen hat es mit Sicherheit auch einmal in Deutschland gegeben. Sie sind Zeugen einer ersten und bereits sehr hoch stehenden Gartenkultur.

ten. Fünf Techniken des Veredelns waren bereits bekannt. Diese Begeisterung für den Obstanbau brachten die Römer bald nach Germanien. Freilich machten diese Fortschritte am so genannten Limes halt, der sich als mauerartiger Grenzwall auf gut 500 Kilometer Länge von Neuwied am Rhein bis Kelheim an der Donau hinzog. Er trennte das besetzte südliche Germanien vom nördlich gelegenen freien Germanien. Jahrhundertelang hinkte deshalb der norddeutsche Obstanbau hinter dem schon frühzeitig sehr effektiven süddeutschen Anbau nach.

Färbepflanzen

Um Stofffarben zu gewinnen, war man nun nicht mehr auf Wildkräuter wie den Weißen Gänsefuß, die Kornblume und das Sumpf-Labkraut angewiesen, sondern man baute den gelb blühenden Färber-Wald *(Isatis tinctoria)* an, aus dessen Blättern sich ein blauer Farbstoff gewinnen lässt, sowie für gelbe Farbstoffe den Färber-Wau *(Reseda luteola)*. Beide Pflanzen wachsen heute bisweilen verwildert auf Ödflächen.

Gemüse

Manche Anweisungen Columellas könnten übrigens unverändert auf heutigen Samentütchen stehen: *„Gartenkresse sät man zu Anfang März und kann sie später wie Schnittporree schneiden."* Beim Lauch also ließ man die Zwiebel den Sommer über im Boden und

Der Kohl ist eine typische Mittelmeerpflanze und wurde bereits von den Römern eingeführt, die so den Grundstock für seine heutige Gartenvielfalt lieferten.

Man hat heute Freude daran, gelegentlich auch einmal eine alte Kulturpflanze im Garten anzubauen und die Zubereitung auszuprobieren. Mit der Hirse gibt es dabei kaum Probleme.

erntete die oberen Blätter. Auch das Gärtnerlatein schoss auf germanischen Böden bereits prächtig ins Kraut. So schreibt der Wissenschaftler und Feldherr Plinius der Ältere, der im Jahr 79 n. Chr. ums Leben kam, als Pompeji durch einen schrecklichen Ausbruch des Vesuvs unterging: *„Der Rettich verlangt lockeren, feuchten Boden, will keinen Mist und nimmt mit Spreu vorlieb. In kalten Gegenden gedeiht er so gut, dass er in Germanien die Größe neugeborener Kinder erreicht."* Merken Sie auf, verehrter Gartenfreund, bei Plinius wurde bereits gemulcht! Der Boden zwischen den Rettichpflanzen wurde mit Spreu abgedeckt. Ohne jetzt eine Debatte entfachen zu wollen, ob es sich beim Mulchen um einen notwendigen Bodenschutz oder um eine Spezialität des ökologischen Gartens handelt, soll vielleicht doch die Beobachtung weitergegeben werden, dass gemulchte Rettiche weniger anfällig gegen Erdflöhe und gegen die Maden der Rettichfliege sind, als Rettiche auf frisch gedüngten und ungemulchten Böden.

So ließ sich, vor allem im süddeutschen Raum, für die Bauerngärten der Germanen eigentlich alles recht gut an. Man lernte eine Reihe neuer Gemüsesorten anbauen, zum Beispiel Sellerie, Amarant, rote und weiße Rüben und einige Kohlsorten. Der Amarant *(Amaranthus lividus)* wurde früher als Gemüse angebaut. Er ist inzwischen verwildert und bringt stellenweise auf Ödland und am Rand mancher Dorfstraße seine unscheinbaren Blütenstände hervor. Er ist mit dem Fuchsschwanz *(Amaranthus caudatus)* verwandt, einer beliebten Bauerngarten-Zierpflanze.

Der Gute Heinrich lieferte früher das erste frische Gemüse nach dem Winter. Heute wird er meistens als Unkraut verschmäht.

Sankt-Johannis-Apfel
Mala praecocia

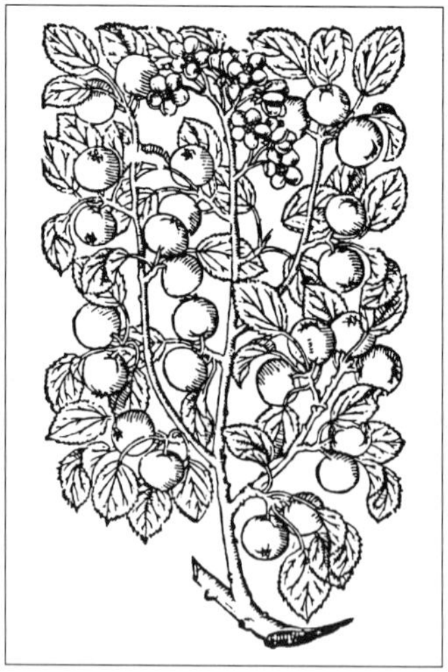

Weinapfel
Oenomela

Kohlapfel
Mala carbonaria

Süßapfel
Glycomela

Alte Obstsorten, die zumindest teilweise aus der römischen Gartenkultur stammen.

Die Abbildungen sind mit den früher gültigen lateinischen Bezeichnungen versehen, die den heutigen botanischen Namen manchmal ähneln, mit ihnen aber nicht mehr übereinstimmen.

Muskatellerbirne
Pyra muscutella

Winterbirne
Pyra prassina hyemalia

Käsbirne

Kochbirne

Birnenquitte
Malus cydonia

Amarellen-Kirsche
Cerasia acida

Bunte Kirsche
Cerasia pliniana

Sankt-Johannis-Pfirsich
Persica praecocia

Linsen, Ackerbohnen und vor allem Erbsen, die es ohnehin schon seit Urzeiten in den bescheidenen germanischen Gärten gegeben hat, behielt man natürlich als wichtige Kohlenhydratspender bei. Vielleicht sollten wir uns gerade jetzt vor Augen führen, dass Europa auf die segensreiche Kartoffel noch eineinhalb Jahrtausend warten musste. Außer mit dem Pflanzstock bearbeitete man den Gartenboden nun auch mit einem eisenverstärkten Eschenspaten. Knoblauch, Dill, Koriander, Bohnenkraut und Thymian brachten neumodischen Würzgeschmack an die Speisen, neben dem Kümmel, der ohnehin schon lange bekannt war.

Obst

Acht Apfelsorten, drei Quittensorten, die Mispel, einige Pflaumensorten und mehrere Sorten von Süßkirschen wurden im Römischen Reich und allmählich auch in Süddeutschland angepflanzt, wobei bei den Kirschen schon recht genau unterschieden wird zwischen zartschaligen, dunklen Sorten und Knorpelkirschen mit härterem Fleisch, die auch für den Transport geeignet waren. Auch die bunten (tricolore) Kirschen waren schon bekannt. Datteln, Feigen und Esskastanien wurden nachweislich als Früchte nach Germanien importiert, nachdem man offenbar festgestellt hatte, dass der Anbau hierzulande auf Schwierigkeiten stieß. Für die siebzehn bekannten Birnensorten gibt der römische Gartenschriftsteller Columella folgenden Rat: „Man sehe darauf, dass man die Birnengärten mit möglichst edlen Sorten bepflanzt."

Heilkräuter

Wenig weiß man über den Gebrauch und womöglich den Anbau von Heilkräutern im alten Germanien. Sicher hat es kräuterkundige Frauen und Männer gegeben. So ist beispielsweise überliefert, dass man sich bei den Germanen die entzündungshemmende Wirkung des Gundermanns *(Glechoma hederacea)*, auch Gundelrebe genannt, zum Heilen von Schwertwunden zunutze gemacht hat. Wahrscheinlich wurde auch schon die Schafgarbe *(Achillea millefolium)* zum Blutstillen benutzt. Das ist eigentlich Grund genug, um beide Pflanzen, wenn sie sich ungebetenerweise im Garten einstellen, nicht wie ein lästiges Unkraut auszureißen, sondern sie mit Ehrerbietung oder mindestens mit Nachsicht zu behandeln. Noch besser ist es, man sammelt diese Pflanzen als Heilkräutertee oder schneidet frische Blättchen als Würze in den Salat oder in die Suppe.

Blumen

Noch schwerer ist zu beantworten, ob es in germanischen Bauerngarten Blumen gegeben haben könnte. Völker aus südlicheren, milderen Klimazonen konnten es sich sicher früher leisten, ihrer Begeisterung für Blumen Ausdruck zu geben. So schreibt der römische Dichter Ambrosius im 4. Jahrhundert n. Chr.: *„Was also beschreibe ich noch die purpurnen Veilchen, die weißen Lilien, die in anmutigen Gärten gedeihen, die rötlichen Rosen, die Felder jetzt mit goldenen Blumen geschmückt!"* Aber im wilden Germanien? Volkskundler haben jedoch immer wieder festgestellt, dass auch bei ganz „primitiven" und „unzivilisierten" Volksstämmen Pflanzen ohne jeden Nutzwert im sozialen Leben der Menschen eine wichtige Rolle spielen. Ganz offensichtlich weiß der Mensch in den tiefsten Schich-

ten seiner Psyche, dass die Pflanze ein lebendiges Friedenssymbol ist, und dass man mit dem Überreichen von Blumen oder Zweigen – man denke an das Symbol der „Friedenspalme“ – gute und friedliche Absichten signalisiert. So würde man den Germanen sicher bitter Unrecht tun, wenn man bei ihnen keine Beziehung zu den Blumen voraussetzen würde. Anhand von Grabbeigaben darf vermutet werden, dass beispielsweise die Akelei und die Margerite benutzt wurden, und kurioserweise findet man bereits bei jungsteinzeitlichen Häusern die Samen der Judenkirsche *(Physalis alkekengi)*, einer Pflanze, die eigentlich nicht recht in die mitteleuropäische Wildflora passen will.

Nachdem sich alles so gut angelassen hatte, hätte es nun mit den Bauerngärten – nur solche gab es – eigentlich normal und in fröhlicher und fruchtbarer Entfaltung weitergehen können. Aber die Menschen packte das Wanderfieber. Einzelpersonen, Familien, ganze Dorfschaften, ja sogar richtig gehende Völkerscharen ließen alles liegen und stehen, brachen auf und zogen in die Ferne. Suchte man einen fernen Glücksstern, floh man aus Angst oder machte man einfach mit, weil es Mode war? Niemand weiß es bis heute genau, nur dass die Gartenkultur zugrunde ging, ist gewiss.

Rund zweihundert Jahre lang dauerte die Völkerwanderungszeit. Als im 6. Jahrhundert n. Chr. die Menschen wieder zur Ruhe gekommen waren, gab es bald auch wieder Gärten. Wie die Gärten ausgesehen haben, erfährt man am besten aus dem Gesetzbuch *Pactus legis Salicae* (6. Jahrhundert n. Chr.), das nun, zu Beginn des Mittelalters, auch das Gartenrecht regelte.

Akelei (oben), Margerite und Schafgarbe (unten) gehören zu den ersten Blumen, die bereits in germanischen Gärten zu finden waren. Während früher ihre Heilkraft für den Anbau ausschlaggebend war, möchte man heute aus anderen Gründen nicht mehr auf sie verzichten: neben der Blütenpracht schätzt man ihre Robustheit, das Ausbreitungs- und Durchsetzungsvermögen.

Der Zaun ist fester Bestandteil des Gemüsegartens. Er schützt einigermaßen vor dem Geflügel, beim Viehtrieb und markiert den Bereich, der ohne Genehmigung des Eigentümers nicht betreten werden darf.

Uraltes Gartenrecht

Um den Begriff „Garten" zu verstehen, muss man wissen, dass er stets von einem Zaun umgeben war. Einen so eingefassten Bereich bezeichnete man mit dem indogermanischen Begriff *ghorton* oder auch *hort*. Diesen Wortstamm *ghort* oder *hort* findet man in unserem Wort *Garten* oder in dem lateinischen Wort *hortus* wieder.

Im *Pactus legis Salicae* bildete der Garten mit dem Haus zusammen einen eigenen Friedens- und Rechtsbereich, den Unbefugte nicht betreten durften und in den auch keine Speere hineingeworfen und keine Pfeile hineingeschossen werden durften. Man kann schließen, dass die Gärten nahe beim Haus lagen, denn bei Strafe war es verboten, weiter außerhalb in der Feldflur ein Stück Land mit einem Zaun „einzufangen". Diebstähle aus dem Garten wurden unterschiedlich geahndet: Wiedergutmachung und Geldbuße beim Eindringen in den Obstgarten, während Diebstähle im Gemüsegarten milder beurteilt wurden. Daraus sind zwei Dinge abzulesen. Erstens geht bis in diese Zeit, vor eineinhalbtausend Jahren, die Zweiteilung unserer Bauerngärten in den Baumgarten und den davon getrennten Gemüsegarten zurück. Zweitens betrachtete man Gartenobst als große Kost-

barkeit. Nachweislich wurden weiterhin viele Wildfrüchte verwendet, nämlich rund zehnmal so viel wie gezüchtetes Obst. Während des ganzen, etwa tausend Jahre dauernden Mittelalters, herrschten saure Zeiten. Nur das Gartenobst versüßte ein wenig das Leben, denn Honig gab es vor allem für die Reichen; der Rohrzucker kam erst nach der Entdeckung Amerikas und der billige Rübenzucker erst im 19. Jahrhundert.

Einige hundert Jahre lang wurstelte man im frühen Mittelalter in den Gärten mehr schlecht als recht vor sich hin, und wenn bei einer Hungersnot ein Dutzend Menschen oder auch ein paar hundert oder tausend verhungerten, musste man dies hinnehmen. Die böse Schwester des Hungers war die Pest, und im Verlauf von mehreren Seuchenzügen wurde die Bevölkerung Mitteleuropas um das Jahr 600 n. Chr. um 40 % (!) dezimiert. Langsam aber formierten sich in Deutschland beharrlich und unter blutigen Kämpfen zwei Kräfte, die das Leben der Menschen grundlegend veränderten: das Christentum und das Kaiserreich. Für die Gartenkultur brachten diese beiden Institutionen wertvolle Impulse, die bis auf den heutigen Tag das Bild unserer Bauerngärten prägen.

oben: Der Baumgarten war stets vom Krautgarten, wie der Gemüsegarten früher hieß, streng getrennt. Die Fläche unter den Obstbäumen wurde nur wenig genutzt. Oft dient sie auch heute noch als Auslauf für das Federvieh, wobei sich sogar eine ganz spezielle Pflanzengesellschaft entwickelt hat.

unten: Robustes Hochstammobst verträgt sogar den Viehtritt. Lediglich die Jungbäume müssen durch kräftige Lattengestelle geschützt werden.

Erste Einflüsse der Klöster

Nicht eben zimperlich ging es zu, als die Germanen Christen wurden. Beide Seiten, die germanischen Heiden, die sich als Bewahrer der guten, alten Tradition sahen, und auch die Verkünder der neuen Religion, die sich als Heilsbringer verstanden, standen sich in nichts nach mit Grausamkeiten, gegenseitiger Schändung von Heiligtümern und bösartigen Intrigen. Inzwischen mag vielleicht, in der historischen Rückschau, der Zweck die Mittel geheiligt haben, denn für die Gartenkultur brachten die nun aufkommenden christlichen Klöster einen geradezu unglaublichen Aufschwung. Männer und später auch Frauen taten sich in frommen Gemeinschaften zusammen, um mit der Nachfolge Christi wirklich ernst zu machen. Vom Gärtnern war freilich zunächst noch nicht die Rede, im Gegenteil! Körperliche Arbeit galt im frühen Mittelalter als unfein, etwas, was man Sklaven, Bauern und Frauen überließ. Als Benedikt von Nursia (ca. 480–542), der als Vater des abendländischen Mönchtums gilt, seine berühmte Forderung *ora et labora* (bete und arbeite) aufstellte, erschien es seinen Mitbrüdern als völlig unannehmbar, außer in Keuschheit, Armut und Gehorsam zu leben, nun gar auch noch arbeiten zu sollen. Man hielt es für selbstverständlich, dass heiligmäßig lebende Männer gefälligst vom arbeitenden Volk ernährt werden sollten. Folgerichtig versuchten die ersten Benediktinermönche ihren Bruder und Ordensstifter zu vergiften. Seine übernatürlich anmutende Rettung – aus dem Becher mit dem vergifteten Wein soll eine Schlange hervorgekrochen sein – war jedoch für die Mitbrüder so überzeugend, dass der Anlage von Klostergärten nun nichts mehr im Wege stand.
In Süddeutschland waren es die Benediktiner, in Norddeutschland vor allem die Zisterzien-

Kloster- und Burggärten waren Ausgangspunkte der Gartenkultur. Sie haben den Pflanzenbestand und die Anbauformen des Mittelalters im Wesentlichen bestimmt.

Die Einteilung früher Klostergärten war einfach und praktisch. Ein Wegekreuz mit dem Brunnen in der Mitte erleichterte die Pflege.

ser und in Südwesteuropa die Karthäuser, die Heilkunde, Schulbildung und Gartenkenntnisse im Volk verbreiteten. Wenn ein Mönch in ein anderes Kloster versetzt wurde, nahm er die ihm wichtig scheinenden Kulturpflanzen und Sämereien mit, so dass man durch die Jahrhunderte geradezu Wanderwege der Pflanzen verfolgen kann. Innerhalb eines knappen Jahrhunderts beispielsweise tauchte die Apfelsorte 'Graue Reinette' zuerst in Südfrankreich in einem Karthäuserkloster auf, dann in Köln, später in Bayern und am Schluss in Schlesien.

Traditionen und wie sie entstanden

Den augenfälligsten Einfluss übten die Klöster auf den Grundriss der Bauerngärten aus. Bis zum heutigen Tag zeichnet sich der Bauerngarten durch eine einfache geometrische Aufteilung aus, wie sie dem schlichten Ordnungssinn der bäuerlichen Bevölkerung entgegenkommt, denn in aller Regel hatte und hat man auf dem Lande weder Zeit und Geld noch Sinn für unökonomischen Firlefanz. Das soll beileibe nicht heißen, man habe keinen Sinn fürs Schöne, im Gegenteil: Das ganze ländliche Brauchtum, die Trachten, die alte Volkskunst und eben auch die Gärten sind ein Ausdruck bäuerlicher Freude an der Schönheit. „Saure Wochen – frohe Feste", dieses Goethewort, das nicht eigentlich für die Bauern geprägt wurde, spiegelt recht bildkräftig den dörflichen Lebensrhythmus wider. Außerdem hatte und hat man durchaus Sinn fürs Prestige. Dieser Neigung fürs „Herzeigenwollen, was man sich leisten kann", haben wir es wohl auch zu verdanken, dass heute die Bauerngärten mit Blaufichten, Zedern, Magnolien und ähnlichen Gehölzen durchsetzt sind, ein Umstand, der bei Ökologen und traditionsbewussten Bauerngartenfreunden höchste Erbitterung zu erzeugen pflegt. Frühere Zeiten hatten andere Prestigepflanzen, wie wir noch sehen werden. Wir Bauerngartenfreunde sind aber aus unserer heutigen Sicht geneigt, diese alten „Herzeigepflanzen" viel positiver zu beurteilen, ohne zu überlegen, ob der Buchs, die gefüllte Dahlie, die Sonnenblume, die Hortensie und das Tränende Herz bei ihrem ersten revolutionären Auftauchen in den Bauerngärten auf uns genauso „unpassend" gewirkt hätten wie manche Zierpflanze, die man in städtischen Gärten ohne Murren akzeptiert.

Diese Äußerungen sind nicht als Ketzerei gedacht, sondern als Hinweis darauf, dass im Bauerngarten Tradition und Wandel sich die Hand reichen. Ein Übermaß an Tradition führt zur Erstarrung, und allzu viel Wandel bedeutet den Verlust von Richtung, Ziel und Sinn.

Genaugenommen ist es nur folgerichtig, dass in unserer wahnwitzig schnelllebigen Zeit auch der Bauerngarten sein Gesicht viel

Historische Garteneinteilungen sind selten, dafür aber umso kostbarer geworden. Der Schöpfbrunnen im Zentrum des Wegekreuzes ist inzwischen meist durch ein Blumenrondell ersetzt.

schneller wandelt als uns lieb ist. Dass gegenläufig zum übermäßig raschen Wandel auch wieder in Stadt und Land ein neues Traditionsbewusstsein erwacht ist, lässt hoffen, dass unser Ruf „Rettet den Bauerngarten!" nicht ohne Wirkung bleibt.

Heilende Zierpflanzen

Bevor wir uns später noch einmal der wunderschönen Grundform im Kloster- und Bauerngarten zuwenden werden, sei zunächst noch erwähnt, dass die Klöster neben zahlreichen neuen Nutzpflanzen auch die ersten Zierpflanzen nach Mitteleuropa brachten. Zuerst waren es die Rose und die Madonnen-Lilie für den Altarschmuck. Gerade die Kombination der beiden Blumen wirkt nicht nur auf die Sinne, sondern berührt auf ganz eigentümliche Weise die Seele. Wer die Blumensprache versteht, erkennt in der Lilie das Symbol der Reinheit und der stolzen, alles Schmutzige abweisenden, auch ein wenig starren Unberührbarkeit. Auch gegen eine ganze Reihe von Krankheiten wurden Rezepturen aus der Lilie verwendet. Brandwunden, Gicht, Frauenkrankheiten, schwere Geburten, Krämpfe, Geschwülste, Leberentzündungen und Schmerzen aller Art wurden mit Lilienwasser und Lilienöl behandelt.

Wasserleitung und Gartenschlauch haben es mit sich gebracht, dass heute die Gemüsebeete in der Regel quer zu einem Hauptweg angelegt werden. Das vereinfacht das Gießen und erleichtert den Einsatz eines Gartenregners.

Die Rose, als Sinnbild der Anmut, Schönheit und Liebe, kurzum des weiblichen Prinzips, wurde im Mittelalter nicht nur wegen ihrer königlichen Schönheit, sondern mehr noch als heute wegen ihres Duftes geschätzt. In fast einem Drittel aller mittelalterlichen Kräuterrezepturen sind Rosenblätter oder Rosenwasser enthalten. Gerüche, Düfte und Gestank spielten im Mittelalter eine viel größere Rolle als heute. Man hielt es für wissenschaftlich erwiesen, dass Krankheiten *„aus bösen vnd vergifftigem Lufft geursacht seyn"*, so dass man umgekehrt Krankheiten mit Düften behandelte und zu heilen versuchte. Als Erbgut aus dieser „Aroma-Therapie" inhalieren wir bei Schnupfen und Bronchitis mit Kamillen, Salbei oder Pfefferminzöl. In den mittelalterlichen Kloster- und Bauerngärten wurden überaus zahlreiche aromatische Kräuter angepflanzt. Unmengen von Duftpflanzen wurden verbrannt, um aus Pesthäusern und später auch aus den Straßen der Städte den krankmachenden Pesthauch, *Miasma* genannt, zu vertreiben.
Aber nicht mit Schreckensbildern von Hunger und Pest soll dieses Kapitel über den Bauerngarten zu Ende gehen, sondern mit dem Duft der Rose, und mit der Feststellung, dass insgesamt die erste Hälfte des Mittelalters einen großen kulturellen und wirtschaftlichen Aufschwung brachte. Ganz gewiss haben dabei die Bauern mit ihrer aufblühenden Gartenkultur einen entscheidenden Beitrag geleistet.

Lilien und Rosen sind bereits Pflanzen des Frühmittelalters. Auch sie fanden wegen ihres Nutzens einen Platz im Bauerngarten. Zwar ist die Madonnenlilie (oben) eine Blume mit hohem Symbolwert. Weit wichtiger dürfte man aber ihre Heilkräfte bewertet haben.

Aus Rosenblüten, vor allem von der Centifolie (unten), wurden Duftstoffe gewonnen. Die heimische Hundsrose hat ihren Namen erhalten, weil man glaubte, sie als Medikament gegen die von Hunden übertragene Tollwut verwenden zu können.

Im Bauerngarten fühlt man sich zwar den Traditionen verpflichtet, erfüllt sie aber keinesfalls starr. Neues wird gerne ausprobiert, aber nur was sich auf Dauer bewährt, kann Bestandteil des Gartens werden. Deshalb sollte man auch einzelne fremdartig wirkende Gewächse, beispielsweise eine Zuckerhutfichte, tolerieren.

Karl der Große und seine Landgüterverordnung

Sehr segensreich hat sich, wie erwähnt, die Gartenkultur der Klöster bis zum heutigen Tag ausgewirkt. So können wir die Klostergärten zunächst verlassen und von Karl dem Großen (742–814) sprechen. Wahrhaftig ein gewaltiger Herrscher war er, ein souveräner Staatsmann und ein gewaltiges Mannsbild. 36 Kinder soll er als seine leiblichen anerkannt haben. Weltweit reichten seine diplomatischen Beziehungen; allerdings bestand die damalige Welt nur aus dem Teil, den wir heute „Alte Welt" nennen. Karl den Großen verbanden auch diplomatische Bindungen mit dem ihm in nichts nachstehenden, sagenhaften morgenländischen Herrscher Harun al Raschid. Gegen diesen hochkultivierten Sultan allerdings war unser Karl der Große – mit Verlaub gesagt – ein ungehobelter Klotz. Sicher spielte der geistige Einfluss des Sultans mit, als Karl der Große bei seiner Kaiserpfalz zu Aachen einen Garten anlegen ließ, der neben seinem Nutzeffekt auch ein wenig den Charakter eines Ziergartens aufwies. Hinter dem Rathaus von Aachen kann inzwischen

Gewürz- und Heilkräuter sind heute nicht mehr so lebenswichtig, wie sie es einmal waren. Früher mussten sie tatsächlich Arzt und Apotheker ersetzen. Es ist aber durchaus denkbar, dass man in abgelegenen Höfen erst einmal die alten Hausmittel einsetzt, bevor man sich auf den Weg zur weit entfernten Stadt macht. Für die Behandlung kleiner Alltagsbeschwerden sind altbewährte Heilpflanzen auch vom medizinischen Standpunkt aus empfehlenswert, wenn man sich nur bei der Zubereitung an die Rezepturen eines modernen Kräuterbuches hält.

eine neue Gartenanlage besichtigt werden, die im Sinne Karls des Großen bepflanzt ist. Eine seiner wichtigsten Maßnahmen war, dass er im ganzen Land Königshöfe anlegen ließ, die gleichzeitig auch Wirtschaftshöfe waren.
Das damalige riesengroße Frankenreich war im Grunde zunächst nur die Idee eines Reichs. Es hatte keine festen Grenzen und wurde nur dadurch zusammengehalten, dass der König, der offenbar den größten Teil seines Lebens im Sattel verbrachte, einmal hier, einmal dort auftauchte und seine Macht demonstrierte. Hier ließ er ein paar Köpfe abschlagen, dort ein paar Hände abhacken, erteilte Belobigungen und Rügen, verteilte Belohnungen und Lehen, und schon tauchte er wieder ganz woanders auf, wo man ihn vielleicht am allerwenigsten erwartetet hatte.
Er gab feste Richtlinien aus, was anzubauen sei. Diese Anordnungen wurden im so genannten *Capitulare de Villis* schriftlich niedergelegt, wobei wahrscheinlich ein Benediktinermönch federführend war. Die Anweisungen wurden von Mönchen verbreitet und von Beamten kontrolliert. Das 70. Kapitel des *Capitulare de Villis* enthält 73 Kräuter und Stauden sowie 16 Obst- und Nussbäume. Das Pflanzenverzeichnis aus der Landgüterverordnung Karls des Großen ist so wichtig und interessant, dass sich die Beschäftigung mit ihm lohnt. Eine große Gruppe von Pflanzen

Pflanzenliſte des Capitulare de Villis

— Volumus quod in horto amnes herbas habeant, id eſt —
Wir wollen, daß man im Garten alle Kräuter habe nämlich:

1. lilium — Weiße Lilie
2. roſas — Roſen
3. fenigrecum — Bockshornklee
4. coſtum — Frauenminze
5. ſalviam — Salbei
6. rutam — Raute
7. abrotanum — Eberraute
8. cucumeres — Gurken
9. pepones — Melonen
10. cucurbitas — Flaſchenbirne
11. faſioſum — Saubohnen
12. ciminum — Kreuzkümmel
13. roſmarinum — Roſmarin
14. careium — Kümmel
15. cicerum — Kichererbſe
16. ſquillam — Meerzwiebel
17. gladiolum — Schwertlilie
18. dragantea — Drachenwurz
19. aneſum — Anis
20. coloquentidas — Koloquinten
21. ſolſequium — Cichorie
22. ameum — Ammi
23. ſilum — Laſerkraut
24. lactucas — Salat
25. git — Schwarzkümmel
26. eruca alba — Rauke, Weißer Senf
27. naſturtium — Kreſſe
28. parduna — Klette oder Peſtwurz
29. peludium — Poleiminze
30. aliſatum — Schwarzes Gemüſe
31. petreſilinum — Peterſilie
32. apium — Sellerie
33. leviſticum — Liebſtöckel
34. ſavinam — Sadebaum
35. anetum — Dill
36. fenicolum — Fenchel
37. intubas — Endivien
38. diptamnum — Diptam
39. ſinape — Senf
40. ſatureiam — Bohnenkraut
41. ſiſimbrium — Krauſeminze
42. mentam — Waſſerminze
43. mentaſtrum — Waldminze
44. tanazitam — Rainfarn
45. neptam — Katzenminze
46. febrefugiam — Mutterkraut
47. papaver — Mohn
48. betas — Mangold
49. vulgigina — Haſelwurz
50. mismalvas — Eibiſch
51. malvas — Malven
52. carvitas — Möhren
53. paſtinacas — Paſtinak
54. adripias — Gartenmelde
55. blidas — Amarant
56. ravacaulos — Kohlrabi
57. caulos — Kohl
58. uniones — Bärlauch
59. britlas — Schnittlauch
60. porros — Porree, Lauch
61. radices — Rettich
62. ascalonicas — Schalotten
63. cepas — Zwiebeln
64. allia — Knoblauch
65. warentiam — Krapp
66. caradones — Artiſchocken oder Weberkarden
67. fabas majores — Große Bohne
68. piſos Mauriscos — Felderbſe
69. coriandrum — Koriander
70. cerfolium — Kerbel
71. lacteridas — Springkraut
72. ſclareian — Muskatellerſalbei

et ille hortulanus habeat ſuper domum ſuam jovis barbam
und der Gärtner ſoll auf ſeinem Hauſe haben: Hauswurz

All seine Schönheit darf nicht darüber hinwegtäuschen, dass der Bauerngarten vor allem ein Nutzgarten ist. Die Bartnelken stehen nicht deshalb am Bienenhaus weil sie schön sind, sondern weil sie eine gute Bienenweide ergeben.

aus dem *Capitulare* bildet praktisch bis zum heutigen Tag die Grundausstattung für jeden Gemüsegarten zwischen Mittelitalien und Dänemark bzw. zwischen Westfrankreich und Polen. Daran sieht man, welch durchschlagende Wirkung Karl der Große mit seiner Landgüterverordnung erzielt hat. Bei seinen Reisen ins Morgenland lernte er wohl eine viel weiter entwickelte Gartenkultur kennen und gab den Befehl, sie auf unsere Gärten zu übertragen. Wenn man davon ausgeht, dass es rund 300 typische Bauerngartenpflanzen gibt, dann wurde also fast ein Drittel schon zur Zeit Karls des Großen in die Bauerngärten eingebracht. Dazu kommt noch, von der Grundidee her, eine große Übereinstimmung in der Anlage oder Architektur alter Bauerngärten, worüber noch zu sprechen sein wird. Wie unterschiedlich sind doch die Dialekte und Sprachen, die Hausarchitektur, das Brauchtum, die Trachten und die Lieder in den einzelnen Ländern, Landschaften und Gegenden! Und wie frappierend ähnlich können dagegen traditionsbewusst angelegte Bauerngärten sein, auch wenn sie mehr als 500 Kilometer auseinander liegen! Die Unterschiede der Bauerngärten sind mehr auf

unterschiedliche Interessen und Fähigkeiten der bearbeitenden Bäuerinnen zurückzuführen als auf landschaftsgebundene Gepflogenheiten. Die Klage über die Verarmung und den kulturellen Verfall heutiger Bauerngärten (womit man den meisten Bäuerinnen bitter Unrecht tut!) soll zunächst zurückgestellt und später untersucht und erörtert werden!

Gemüsearten

Die nahrhaftesten, weil eiweiß- und kohlenhydratreichsten Gemüsepflanzen aus dem *Capitulare* gehören zur Familie der Leguminosen oder Hülsenfrüchtler. Große Bohne, Saubohne, Graue Felderbse und italienische Kichererbse wurden erwiesenermaßen zu sättigenden Eintopfgerichten verwendet. Nachdem bei neuen Forschungen recht eingehend die mittelalterlichen Latrinengruben untersucht und ausgewertet worden sind, weiß man jetzt erstmals gut Bescheid, was unsere Vorfahren gegessen haben, und auch, wie schrecklich verwurmt die Ärmsten waren. Endivien und Kopfsalat wurden gekocht oder mit Bohnen und Gewürzen haltbar eingelegt. Immer wenn es „Bohnen" heißt, darf man nicht an die heute am meisten angepflanzten grünen Gemüsebohnen denken, denn die stammen aus Amerika. An weiteren Gemüsen gab es Kohl, Kohlrabi, Sellerie, Pastinak, Rüben, Zwiebeln, Amarant und Gartenmelde. Die letztgenannte altehrwürdige Gemüsepflanze wird heute allenfalls im Rheinland noch als Gemüse angebaut und zubereitet, ansonsten fristet sie bei uns ihr Dasein bereits Jahrhundert für Jahrhundert auf Schutthalden, in Sandgruben und sonstigem Ödland. Zur selben Familie wie die Gartenmelde *(Atriplex hortensis)*, nämlich den Gänsefußgewächsen, gehört auch der Gute Heinrich *(Chenopodium*

Gemüse und einjährige Gewürze werden im Bauerngarten dorthin gepflanzt, wo gerade Platz ist. Eine derartig „gemischte Kultur" bringt die gleichen Vorteile wie eine moderne Mischkultur.

bonus-henricus), der in Griechenland „Wilder Spinat" heißt. Er wurde früher bei uns gerne als Gemüsepflanze benützt, aber wahrscheinlich nicht eigentlich kultiviert. Er liebt es, an Zäunen und neben Bauernhäusern zu wachsen, häufig gemeinsam mit der Schwarznessel *(Ballota nigra)*, einem rot blühenden Lippenblütler, der Mäusegerste *(Hordeum murinum)* und dem vorhin als Gemüsepflanze genannten Amarant *(Amaranthus lividus)*. Dass sich auf solchen stickstoff- und kalkreichen Plätzen recht bald auch ohne Zutun der heilkräftige Schwarze Holunder einstellt, macht diese spontanen Pflanzengemeinschaften der Dörfer vollends zu sehr effektiven Ökosystemen. Vom Holunder, in Norddeutschland „Flieder" genannt, heißt es ja auf dem Lande: *„Vor'm Holunder zieht der Bauer den Hut runter."* Die Geschichte der Kulturpflanzen ist immer auch gleichzeitig eine Geschichte der Begleitflora und der Unkräuter. Jammerschade ist es, dass dem Ordnungs- und Reinlichkeitsbestreben in den Dörfern – an sich ein lobenswertes Bemühen – zunehmend die guten alten Ödlandpflanzen zum Opfer fallen und unter Asphalt verschwinden.

Auffallend ist, dass man einige der im *Capitulare* vorgeschriebenen Pflanzen eigentlich nur von Reisen in den sonnigen Süden kennt. Bei den Gehölzen sind es Lorbeerbaum, Edelkastanie, Pinie, Pfirsich, Feige und Maulbeerbaum. Auch der Rosmarin, die Flaschenkürbisse und die Koloquinten, ebenfalls eine Kürbisart, sind südliche Gäste. Gurken und Melonen als wärmeliebende Gewächse dürften wohl vor allem in südlicheren Provinzen des großen Frankenreichs gewachsen sein, aber vielleicht war das Klima wärmer als heute.

Der Holunder wird in der Regel im Dorf nicht gepflanzt, sondern er erobert sich seinen Lebensraum selbst, verdeckt manche unschöne Stelle und wird häufig „Hausapotheke des deutschen Bauern" genannt.

Gewürze

Sehr auffallend ist die lange Reihe interessanter Gewürze – es sind mehr als zwanzig –, die sicher vor allem als Heilpflanzen verwendet wurden. Nur einige, etwas weniger gebräuchliche, seien herausgegriffen. Griechisch Heu oder Bockshornklee *(Trigonella foenum graecum)*, ein Schmetterlingsblütler, wurde früher sehr vielfältig eingesetzt und seine schleimhaltigen, aromatischen Samen kommen auch heute wieder als Heilmittel zu Ehren. Auch in den „Curry" genannten Gewürzmischungen ist gemahlener Bockshornkleesamen enthalten. Drei Arten von Kümmel werden aufgezählt, nämlich erstens 'ciminum', der Kreuzkümmel *(Cuminum cymium)*, ein zartes einjähriges Doldengewächs aus dem Mittelmeergebiet, 'careum' der eigentliche Kümmel *(Carum carvi)*, auch Feldkümmel genannt. Die dritte Kümmelpflanze, *git* oder Schwarzkümmel genannt *(Nigella sativa)*, hat, botanisch betrachtet mit den beiden anderen Kümmeln gar nichts zu tun, sondern ist mit der „Gretel im Busch" oder „Braut im Grünen" verwandt, gehört also zu den Hahnenfußgewächsen. Ihre Samen werden in Griechenland auch heute noch als Brotgewürz verwendet. Außer Kümmel und Kreuzkümmel werden noch sage und schreibe neun Würzpflanzen allein aus der Familie der Doldenblütler im *Capitulare* verzeichnet, nämlich Fenchel, Anis, Koriander, Dill, Ammi, Laserkraut, Kerbel, Petersilie und Liebstöckel.

Auch die Familie der Lippenblütler bringt eine Reihe von erstklassigen, bis heute beliebten Gewürzpflanzen hervor, nämlich *salviam*, den Salbei, *sclareiam*, den Muskatellersalbei, *satureiam*, das Bohnenkraut und *rosmarinum*, den Rosmarin, der als frostempfindliche Pflanze sicher bald in Töpfen gezogen wurde. Sie sehen, verehrter Gartenfreund, wer sich befleißigen möchte, auch nur die Gewürze aus Karls des Großen *Capitulare de Villis* anzupflanzen (eine sehr lobenswerte Idee!), bringt schon einen kleinen botanischen Garten zustande.

Dazu kommen noch zwei Senfarten, der Schnittlauch ('britlas' genannt) und verschiedene Zwiebelarten. Selbstverständlich fehlte auch der Knoblauch nicht, diese fabelhafte Heil- und Gewürzpflanze mit mindestens fünftausendjähriger Geschichte. Dieses erst-

klassige Antibiotikum für die früher ungemein verbreiteten Infektionen der Verdauungsorgane wurde nachweislich beim Bau der ägyptischen Pyramiden so intensiv eingesetzt, dass laut Buchführung der höchste Betrag nicht für Baumaterial oder Löhne, sondern zum Ankauf von Knoblauch und Zwiebeln aufgewendet wurde. Allein dieser historische Aspekt wäre schon Grund genug, mehr Knoblauch in unsere (Bauern-)Gärten zu bringen, und sei es wenigstens als pilzabweisende Mischkultur zwischen Erdbeeren, Rosen und Malven.

Minzenarten

Sechs verschiedene Minzen gehören nach Karl dem Großen in den Bauerngarten, wobei man im Mittelalter geneigt war, alle würzig riechenden Pflanzen mit einfachen Blättern „Minze" zu nennen, auch wenn sie botanisch betrachtet zu unterschiedlichen Familien gehören. Deshalb ist die Deutung der verschiedenen Minzen im *Capitulare* bis heute nicht ganz geklärt. Zur Gattung *Mentha* (Minze) gehören die Polei-Minze *(peludium)*, die Wasserminze *(mentam)*, die Krauseminze *(sisimbrium)* und die Waldminze *(mentastrum)*. Diese Arten sind also recht nah mit der bekannten Pfefferminze verwandt. Die Katzenminze *(neptam = Nepeta cataria)* ist immerhin noch ein Lippenblütler, aber die melissenähnlich duftende, *costum* genannte Frauenminze (*Chrysanthemum balsamita* syn. *Balsamita major*) ist ein Korbblütler und, wie das ebenfalls im *Capitulare* aufgeführte Mut-

Alte Bauerngartenpflanzen

oben: Die Samen der Jungfer im Grünen wurden wie Kümmel verwendet und sind mancherorts noch heute ein Bestandteil des Brotgewürzes.

unten: Unverwechselbar ist die Krause Minze, die nicht nur einen vorzüglichen Tee liefert, sondern als einzige Gartenminze auch ohne Qualitätsverlust durch Samen vermehrt werden kann.

terkraut *(febrefugium = Chrysanthemum parthenium)*, mit den Chrysanthemen und Margeriten verwandt.

Riechkräuter

Der Duft von Pflanzen hat im Bauerngarten und in der Volksheilkunde stets eine große Rolle gespielt. Ein Sträußchen gepresster Duftminzen im Gebetbuch sollte mit seinem Aroma während der Sonntagspredigt die Bäuerin wach halten, die ja beim Kirchgang schon ein Arbeitspensum hinter sich hatte, wie es mancher Städter den ganzen Tag nicht zuwege bringt. Die Rolle eines solchen „Schmeckablaadls" übernahm oft auch eine der beiden Rauten, die Eberraute oder die Weinraute. Sie riechen beide sehr intensiv, oder, um es altbayerisch auszudrücken, sie „schmecken" recht kräftig, haben aber botanisch betrachtet keinerlei Verwandtschaft aufzuweisen. Auch zur Ungezieferbekämpfung wurden Pflanzendüfte verwendet, beispielsweise gegen Flöhe die schon genannte Polei-Minze *(Mentha pulegium)*. Läuse, Flöhe, Wanzen, Würmer und andere widerwärtige Schmarotzer vergällten den Menschen jahrtausendelang das Leben. Gegen Wurmkrankheiten bei Mensch und Vieh wurden der Krausblättrige Rainfarn *(tanacitam = Chrysanthemum vulgare)* verwendet. Moderne Öko-Gärtner greifen gerne wieder auf die alten pflanzlichen Mittel zurück und verarbeiten solche Kräuter zu Brühen und Jauchen oder mulchen mit diesen Pflanzen. Ein feiner öko-

Alte Bauerngartenpflanzen

oben: Nahezu unbekannt ist heute die Eberraute, ein kräftiges Gewürz für Fleischgerichte. Die Pflanze benötigt lediglich im Frühjahr einen starken Rückschnitt.

unten: Die Inhaltsstoffe der Weinraute sind so wirkungsvoll, dass eine Überdosierung unangenehm werden kann. Man sollte die Blätter deshalb nur sparsam als Gewürz und nicht in höheren Dosierungen als Heilmittel verwenden.

Altbewährte Heilpflanzen: *Das Herzgespann enthält ein wirksames Beruhigungsmittel, das die Medizin auch heute noch viel verwendet. Im Garten braucht die bisweilen mächtig werdende Pflanze einen trockenen, nährstoffreichen Standort.*

Andorn ist ebenfalls zur Selbstbehandlung recht gut geeignet. Der Tee hilft bei Beschwerden im Darmbereich, gilt aber auch als gutes Asthmamittel.

logischer Trick ist es, die verschiedenen Duftpflanzen in Form einer Mischkultur ins Gemüseland und an die Ränder der Beete zu pflanzen. Im Bauerngarten hat sich diese Art gemischter Bestellung eigentlich immer ganz von selbst ergeben. Die Bäuerin setzte diese, von ihren Platz- und Bodenansprüchen her betrachtet, eher bescheidenen Pflanzen da und dort zwischen die Gemüsekulturen, wo eben ein freies Plätzchen zur Verfügung stand. Ganz von allein ergab und ergibt sich aus dieser rein praktischen Erwägung ein Gefüge von großem ökologischen Wert.

Obstarten

Längst noch nicht alle Gartenpflanzen aus dem *Capitulare de Villis* haben wir aufgezählt und erläutert. Von den Äpfeln heißt es beispielsweise, man solle Gozmaringer, Crevedeller, Spirauker, süße, säuerliche, Daueräpfel und frühreife haben. Auch drei Birnensorten und einige Kirschsorten sind vorgeschrieben. Die Echte Mispel *(Mespilus germanica)* sei ebenfalls erwähnt, die auch in rauhen Lagen Früchte bringt, deren Genuss freilich für unseren heutigen Geschmack weniger erstrebenswert ist. Als ausdrucksvoller Zierstrauch könnte die Mispel jedoch auch einen heutigen Garten schmücken.

Nutz- und Heilpflanzen

Neben sonst noch allerhand Nützlichem wie etwa dem Krapp *(Rubia tinctorium)* zum Färben von Wolle und Leder, auch noch manches recht Seltsame im *Capitulare* zu finden, wie etwa die Kreuzblättrige Wolfsmilch *(Euphorbia lathyris), lacteridas* genannt. Man verwendete sie im Mittelalter als Abführ- und Brechmittel. Heute wird diese Pflanze bisweilen als natürliches Mittel zur Wühlmausbekämpfung angepriesen, eine Methode, die vielleicht sogar hilft, wenn der Gartenfreund in seinem Garten außer dieser Wolfsmilch nichts anderes mehr anpflanzt.

Eine weitere etwas seltsame Pflanze im *Capitulare* heißt *parduna* und dürfte die Klette *(Arctium lappa)*, die Pestwurz *(Petasites officinalis)* oder der Huflattich *(Tussilago farfara)* gewesen sein. Wahrscheinlich sind sogar alle drei Pflanzen gemeint, weil sie wegen ihrer großen Blätter eine gewisse Ähnlichkeit aufweisen. Überhaupt wurde und wird in der Volksmedizin bei der Pflanzenbestimmung etwas großzügig verfahren. Das ist ohne jeden Vorwurf gesagt: die alte Volksheilkunde hat wenig oder nichts mit unserem heutigen analytischen Denken zu tun, sondern sie enthält viel Intuitives und Spirituelles. Die Wurzelstöcke der *parduna* wurden „Grindwurz" genannt und gegen chronische Hautausschläge verwendet. Bis heute ist die Klettenwurzel Bestandteil pflegender Haarwässer. Andererseits tut man sich schon etwas schwer bei der Vorstellung, die mittelalterlichen Gärtner und Bauern hätten absichtlich Huflattich oder Klette, diese grässlichen Wurzelunkräuter, in ihre Gärten geholt (meine Kollegen im Geiste der Ökologie mögen mir verzeihen!). Vielleicht haben sie diese heilkräftigen Pflanzen doch lieber am Dorfrand gesehen und gesammelt.

Als eine weitere dieser etwas seltsamen Pflanzen sei *savinam*, der Sadebaum *(Juniperus sabina)* genannt. Er stammt wahrscheinlich aus Südeuropa und heißt auch Stinkwacholder. Auf dem Lande wird er Segen- oder Sevenbaum genannt und als Bestandteil der „Palmbuschen" bei der Palmenweihe am Palmsonntag verwendet. Auch in modernen Gärten ist er als robuster, kriechender, immergrüner Strauch von Gartenfreunden, die Koniferen mögen, geschätzt. Weil er außerordentlich giftig ist, wurde sein Anbau schon mehrfach durch Verordnungen untersagt. Er hat sich jedoch hartnäckig bis heute in den Gärten gehalten. Auf unserer Reise durch die Geschichte des Bauerngartens werden wir ihm noch zweimal begegnen. Auf dem Hausdach, hieß es im *Capitulare*, sollte der Gärtner *Jovis barbam*, die Hauswurz, haben. Wörtlich übersetzt heißt *Jovis barbam* „Bart des Jupiter", was schon darauf hindeutet, dass diesem Dickblattgewächs übernatürliche Zauberkräfte zugetraut wurden. Es sollte das Haus vor Blitzschlag schützen und der Saft ihrer fleischigen Blätter wurde als Arznei für schlecht heilende Wunden und Brandverletzungen verwendet. Wer heute durch ein Dorf fährt und dabei auf den steinernen Torpfosten vor den Höfen die ausdrucksvolle Pflanzengestalt der Hauswurz entdeckt, der möge innehalten. Er möge in diesem Dorf die Häuser, die Menschen und die Gärten betrachten. Bestimmt wird der Zaungast schöne Bauerngärten entdecken und außerdem allenthalben die Zeichen dörflicher Lebensqualität.

In diesem Klostergarten auf der Insel Reichenau im Bodensee sind alle Heilpflanzen zu finden, die Abt Walahfried Strabo vor über tausend Jahren beschrieben hat. Man hat damit dem ersten deutschen Dichter, der den Garten besang, ein Denkmal gesetzt.

Das Mittelalter war nicht ganz so finster

Das Mittelalter, das wir oft zu Unrecht das „finstere" nennen, war eine Zeit wirtschaftlicher Sammlung und aufstrebender Kultur. Die Klöster wurden wohlhabend, mächtig und einflussreich, und ganz gewiss gab es einen Austausch gärtnerischer Erfahrungen zwischen Klöstern und Bauern. So ist beispielsweise vom Kloster Ranshofen im Salzburger Land bekannt, dass der Pater Gärtner jedes Jahr durch das ganze Einzugsgebiet des Klosters wanderte und die Bauern im Obst- und Gemüseanbau unterwies. Vor allem der Abt der Bodensee-Insel Reichenau, Walahfried Strabo (809–849), beschreibt in einem langen, lateinisch abgefassten Gedicht mit dem Titel *„Hortulus"* begeistert die Anlage seines Klos-

Die klassische Garteneinteilung mit buchseingefassten Pflanzflächen. Ein strenges Ordnungsprinzip, das aber eine große Pflanzenvielfalt auf den Beeten zulässt.

tergartens. Ein kleiner Teil des Gedichts soll hier aufgeschrieben werden, um zu zeigen, dass die meisten Anweisungen dieses experimentierfreudigen Gärtners praktisch unverändert bis zum heutigen Tag übernommen werden können:

„Dann im Südwind, bestrahlt von der Sonne, erwärmt sich das Beetchen, und ich umfasse mit Holz es im Viereck, auf dass es beharre, über den ebenen Boden ein wenig höher gehoben.

Allerwärts wird dann die Erde mit krummer Hacke zerkleinert. Nährstoff des kräftigen Mistes darauf gestreut in den Boden. Manche Kräuter sucht man aus Samen zu ziehen, durch alte Stecklinge andere zum frischen Keimen und Wachsen zu bringen."

Beeteinfassungen

Von jeher also hackte man den Boden, düngte ihn, säte aus und vermehrte mit Stecklingen. Außerdem war man bestrebt, den Garten auf der Sonnenseite des Hauses anzulegen. Auch das Einfassen der Beete ist ein guter alter Brauch, denn auf diese Weise wird das Abschwemmen der Erde verhindert und der Garten erhält Halt und Ordnung. Sellerie, Kohlrabi, Salat und Lauch stehen im Bauerngarten bis heute einträchtig mit Päonien, Rittersporn und Löwenmäulchen beisammen, aber durch die Beeteinfassung werden diese Mischkulturen sozusagen diszipliniert.

Außer der bei Abt Walahfried beschriebenen Holzeinfassung wurden gerne auch Feldsteine oder tief eingegrabene, aufrecht aneinandergereihte Steinplatten verwendet. Den Inbegriff „guter alter" Bauerngartenkultur aber bildet die sorgsam geschnittene niedrige Buchshecke um die Beete. Wo es noch solche Gärten gibt, sollten sie unbedingt als Denkmale bäuerlicher Kultur erhalten und gepflegt werden, aber wir sollten nicht glauben, dass es die Buchshecke früher in jedem Bauerngarten gegeben hat und dass sie bloß das Opfer schnöder Bauerngartenignoranten geworden ist. Sie war vor allem etwas für die großen Gärten reicher Bauern mit viel Gesinde. Außerdem ist der Buchs im Laufe der Jahrhunderte immer wieder ins Kreuzfeuer erbitterter Kritik geraten, weil er unnütz und hässlich sei, weil er allerhand Ungeziefer Unterschlupf biete und weil seine Pflege unpraktisch und mühsam sei. Zuletzt hieß es 1936 im Zeichen der „Erzeugungsschlacht" des „Reichsnährstandes": *„Was treibt sich in den Ziergärten noch immer der Buchsbaum herum, als allerletztes Überbleibsel des Rokoko? Buchseinfassungen sollten recht bald aus den Gärten unserer Zeit verschwinden und dafür Pflanzen mit mehr Brauchbarkeit gepflanzt werden."*

Aber auch schon 200 Jahre früher, nämlich im 18. Jahrhundert, rät der Gartenschriftsteller Baumann, man solle statt des unnützen Buchses Heil- und Gewürzkräuter wie Salbei, Lavendel, Ysop, Thymian und Majoran als Beeteinfassungen anpflanzen. Dass es die geplagten Bäuerinnen auch damit nicht allen Bauerngartenrettern recht machen konnten, zeigt eine Veröffentlichung von Jäger aus dem 19. Jahrhundert, in der er vom Lavendel schreibt, dass man *„davon auf dem Lande hässliche Einfassungen antrifft, welche weder schön noch nützlich sind".*

Heute ziehen blumenliebende Bäuerinnen eine Rüsche aus Reseda, Stiefmütterchen, Tausendschönchen, Steinkraut oder Katzenminze um die Beetränder. Häufiger freilich findet man inzwischen grüne Plastikzäunchen oder Betonsteine. Soll man darüber jammern, soll man schimpfen, weil die Welle moderner Materialien auch in die Bauerngärten hineingeschwappt ist? Wer sich darüber aufregt, sollte bedenken, dass Anlage und

Pflege des Bauerngartens kein Hobby ist, wie beim Stadtmenschen, der sich *„einmal richtig ausarbeiten muss, um nicht dämpfig zu werden“*. Bauerngärten waren von jeher auf die Verwendung praktischer und pflegeleichter Materialien ausgerichtet und angewiesen, nur dass es eben früher weder Plastik noch Beton gab, sonst wären diese Stoffe schon viel eher in die Bauerngärten gekommen. Und wer wollte bestreiten, dass Beton und Kunststoff halt leider ziemlich praktisch und noch dazu wohlfeil sind? Wer sollte in einem rationell durchorganisierten Bauernhof noch die passenden Feldsteine sammeln, wer die Buchshecke pflegen? Man mag es als Verlust an bäuerlicher Kultur beklagen, aber heute sind auch auf dem Lande Betonplatten für den Weg, Betonkantensteine fürs Beet, Maschendrahtzäune, vorgefertigte Jägerzäune und ähnlich einfach zu verarbeitende Materialien viel leichter und weniger aufwändig zu beschaffen als Natursteinplatten, halbierte Flusskiesel und gar Gerberlohe für die Wegbeläge oder sorgfältig handgespitzte Latten für den Zaun. Diese Ausführungen sollen kein Aufruf zur schrankenlosen Verwendung garstiger Zivilisationsprodukte im Garten sein, sondern eher eine Anerkennung darstellen für alle Gartenfreunde in Stadt und Land, die Mühe und Kosten nicht scheuen, ihr kleines Paradies mit der kostspieligen, gediegenen Schönheit natürlicher Materialien auszurüsten und aufzuwerten.

Statt der Buchseinfassung pflanzt man heute lieber bunte Beetstauden um die Gemüseflächen und schafft so den „verzierten Nutzgarten“.

Das Wegekreuz

Nicht nur in der Pflanzenausstattung, sondern auch in der Architektur, richteten sich die Bauerngärten stark nach den Klöstern aus. In den Klöstern wurde von Anfang an die heilige Kreuzform in der Wegeführung als eigentlich einziges Architekturprinzip praktiziert. Auf dem im Jahr 816 entstandenen Plan des Klosters Sankt Gallen ist deutlich im Kreuzgang dieser Grundriss zu erkennen, wobei hier im Schnittpunkt der Wege ein Sadebaum steht. Man sollte es fast nicht glauben, aber die kreuzförmige Wegeführung mit einem Brunnen, einem Baum, einem Beetrondell oder auch einer Figur am Schnittpunkt der Wege blieb über gut tausend Jahre das einzige Gestaltungsgrundmuster in allen Kloster-, Bürger-, Fürsten- und auch vielen Bauerngärten. Die meisten Bauerngärten sind allerdings zu klein, um das platzraubende Wegekreuz zu realisieren, denn wo Häuser dicht stehen, muss sich auch der Bauerngarten in seiner Größe bescheiden. Damit die Gemüseversorgung der Familie funktionierte, wurden sehr bald die so genannten „Grobgemüse“ auf dem Feld angebaut.

Das Mittelalter war außerdem – eine unerhörte Neuerung in unserem Kulturkreis! – die Zeit der Städtegründungen. Zahlreiche Bauern zogen in die Städte, um dem Elend und der Unterdrückung des Landlebens zu entkommen, denn Stadtluft machte frei. Sie arbeiteten dort meistens das, was sie gelernt hatten: Sie bebauten das Land. Bald zog sich um die Städte herum, häufig gleich bei der Stadtmauer beginnend und bisweilen heute noch sichtbar, ein Gürtel von ländlich anmutenden Gärten für die Gemüseversorgung der Stadtbevölkerung. Das waren Vorläufer der heutigen Gärtnereien.

Hildegard von Bingen hat zum ersten Mal den Rhabarber beschrieben. Er dürfte im 13. Jahrhundert als Mitbringsel der Kreuzfahrer in die Gärten gelangt sein.

Hildegard von Bingen und Albertus Magnus

Zwei große Namen mittelalterlicher Gartenkultur sollten noch genannt werden, nämlich Hildegard von Bingen (1098–1179) und Albertus Magnus (1193–1280). Die heilige Hildegard gilt als erste deutsche Naturforscherin und Ärztin. Sie beschreibt in einem mehrbändigen umfassenden botanischen Werk 230 Kräuter und Bäume mit ihren Heilwirkungen. Neben den zahlreichen bisher schon seit Karl dem Großen bekannten Gartenpflanzen beschreibt Hildegard erstmals zahlreiche einheimische Wildpflanzen. Der langsam aufblühende Handel mit dem Morgenland bringt noch einige neue Pflanzen in die Bauerngärten, nämlich Melisse, Ysop, Lavendel, Buchs, Alant, Osterluzei und Ringelblume. Die Heilige Hildegard hat sich ganz gewiss eingehend mit dem Bauerngarten befasst, denn sie nennt in ihren Büchern erstmals neben den lateinischen Namen auch deutsche.
Der zweite große Förderer der Gartenkultur, allerdings hauptsächlich in den Städten, ist

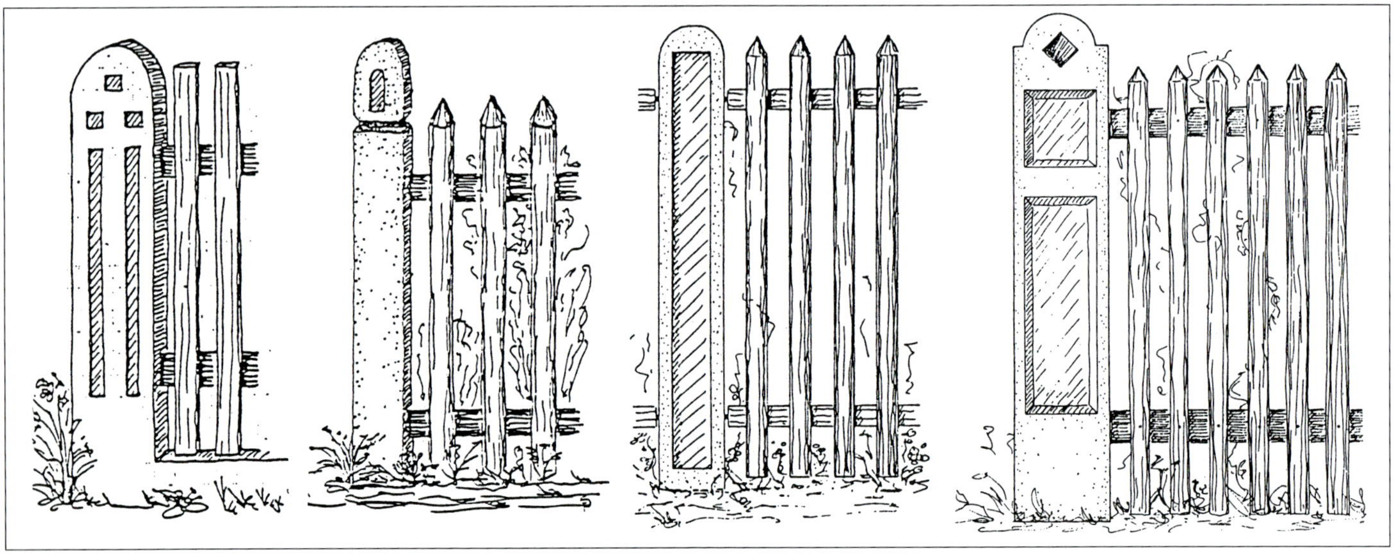

Der Zaun gehört zum Bauerngarten. Verzierte Betonpfosten aus der ersten Hälfte dieses Jahrhunderts.

Albertus Magnus, weiland Erzbischof in Köln. Er erfindet eine sensationell neue Gartenform, nämlich den Lustgarten. Zum Sitzen und sich Ergötzen gab es die Rasenbank, *„besteckt mit lieblichen Blumen und in der Mitte zum Sitzen geeignet, allwo die Sinne sich laben und wo man sich erquickend ausruhen kann"*.

Der mittelalterliche Lustgarten

Viele mittelalterliche Gemälde zeigen, dass in diesen Lustgärten, auch Liebes- und Kosegärten genannt, recht ausgelassene und erotisch höchst freizügige Gartenparties gefeiert wurden. Die Menschen scheinen geradezu von einer Gier nach Leben besessen gewesen zu sein, während der Schwarze Pesttod, der immer gerade die jungen Menschen dahinraffte, womöglich schon wieder vor der Stadt erschienen war und mit seiner Sense ausholte. Gegen den unerwünschten Kindersegen verordneten die kräuterkundigen weisen Frauen ein Tränklein vom Sadebaum, was wegen der Giftigkeit dieses Wacholders zahlreiche junge Frauen mit dem Leben bezahlten.

Der schönste Zaun im Dorf ist der einfache Lattenzaun, vor allem wenn er dem Pflanzenreichtum keinen Einhalt zu gebieten scheint.

Schmiedeeiserne Zäune wird sich heute niemand mehr leisten. Deshalb sollten die noch bestehenden besonders gut gepflegt werden.

Die Vielfalt des Bauerngartens, wie wir sie heute kennen, entstand erst nach der Entdeckung Amerikas. Von dort kamen viele neue Nutz- und Zierpflanzen hinzu.

Die ersten Pflanzenbücher

Zum Ende des Mittelalters, im 15. Jahrhundert, wurden mehrere Pflanzenbücher geschrieben, aber für den Bauerngarten gibt es eigentlich nichts Neues. 800 Jahre lang hatte es in den bäuerlichen Gärten seit Karl dem Großen zwar die eine oder andere Verbesserung gegeben, aber insgesamt betrachtet, hat über diesen langen Zeitraum hinweg eine geradezu unglaubliche Stabilität geherrscht. Es wird also Zeit, dass Amerika entdeckt wird, was Kolumbus im Jahre 1492 erledigte. Sofort kam eine gewaltige Fülle revolutionär fremder Pflanzen aus der Neuen Welt herüber, nämlich Kartoffeln, Mais, Tabak, gelb blühender Kürbis, Tomaten, Paprika, dazu bald auch die Garten- und die Feuerbohne, ja sogar für Sonnenblumen und Kapuzinerkresse öffneten die Bauern bald ihre Gärten.

Neue Pflanzen für den Bauerngarten

Das erste Jahrhundert der Neuzeit war geprägt durch einen unglaublichen Forschungs- und Eroberungsdrang, so dass nicht nur aus Amerika, sondern auch aus dem Orient eine Welle neuer Pflanzen nach Deutschland kam. Tulpen, Narzissen und Kaiserkrone, aber auch gefüllte Formen der Päonie, des Gänseblümchens und der gefüllte Hahnenfuß, „Goldknöpfchen“ genannt, waren unerhörte Neuerungen. Damals wie heute ging und geht der Trend im Bauerngarten zur Erbitterung der Ökologen – die es früher auch schon gab, die aber nicht so genannt wurden – in die Richtung großer, sehr bunter, auffallender und möglichst gefüllter Blüten. Dabei würde es doch viel besser ins Konzept passen, wenn man - ehrlichen Herzens behaupten könnte, der Bauerngarten orientierte sich am Naturnahen, Landschaftsgebundenen, Althergebrachten und Einfachen. Aber einfach und bescheiden blühende Unkräuter hat man schließlich ohnehin tagaus tagein, mehr als einem lieb ist, vor Augen. Bald erschienen dann auch noch Brennende Liebe, gefülltblütige Kranz-Lichtnelke, Flieder, Rosskastanie und die in Bayern „Hemdsköpferl“ genannte weiß blühende Bertramsgarbe *(Achillea ptarmica)* und bei den Gemüsen Kopfsalat, Spargel und Blumenkohl. Sie, verehrter Gartenfreund und liebe Gartenfreundin, ahnen gewiss schon, was geschah, angesichts dieser Gartenrevolution. Landauf, landab, erhob sich ein gewaltiges Geschrei: „Rettet die gute alte Gartenkultur! Lasst ab von den verderblichen Neuerungen!“ So schreibt Hieronymus Bock im Jahre 1535: *„Die köstlichen Wurzeln, so täglich bei uns mit Füßen getreten, will niemand wahrnehmen. Also ganz ist unser Kunst, Art und Natur auf fremde Ding geneigt, die wir nit wissen noch haben.“* Tatsächlich gelang es den Traditionalisten, das Misstrauen der Bevölkerung gegenüber manchen Pflanzen so stark zu schüren, dass sie einfach nicht in die Gärten aufgenommen wurden. Bei der Kartoffel dauerte es fast 200 Jahre und die Tomate wurde erst in der zweiten Hälfte des 19. Jahrhunderts akzeptiert.

Insgesamt aber war das erste Jahrhundert nach der Entdeckung Amerikas eine Blütezeit der Gartenkultur. Nur vier berühmte Botaniker seien genannt, deren Bücher noch heute

Pflanzen aus Amerika:

Die Kapuzinerkresse (oben) ist aus den Bauerngärten nicht mehr wegzudenken, ebensowenig die inzwischen so bewährte Sonnenbraut (Helenium, unten).

den Geist und das Auge erfreuen: Otto Brunfels, Leonhard Fuchs, der Schweizer Konrad Gesner und der vorhin schon zitierte Hieronymus Bock. In Apothekergärten, botanischen Gärten und den aufwändigen Anlagen reicher Bürger zeigte sich nicht nur das große Interesse am Garten, sondern auch der allgemeine Wohlstand, den der weltweite Handel und Wandel mit sich brachte. Die Bauern allerdings, wie fast immer, erlebten die goldenen Zeiten nur am Rande mit. Und auch der Bauerngarten geriet wieder einmal ins Kreuzfeuer erbitterter Kritik.

Blumen aus aller Welt

Die historische Literatur ist sich einig, dass der Beginn der Neuzeit eine Blütezeit der Gartenkultur war, dass aber der Bauerngarten daniederlag. Die Verfasserin dieser Broschüre wird allerdings den Verdacht nicht los, dass man wieder einmal, vom grünen Tisch aus, von den Bauern und ihren Gärten zu viel verlangte. Der einen Hälfte von Kritikern ging die Aufnahme der vielen neuen Pflanzen, die durch die Entdeckung Amerikas nach Europa kamen, viel zu langsam, während es der anderen Hälfte von Kritikern viel zu schnell ging. So nörgelt beispielsweise Colerus, eine Kapazität des Gartenbaues im 16. Jahrhundert, dass sich die Bauersleute nur wenig auf Gärten befleißigten. Sie hätten zwar einen Garten hinter dem Hof, aber da säte der Bauer womöglich noch Getreide hinein, und Bäume würden darin wenig gefunden. Außerdem bezäunten sie einen Flecken Ackers, um darin ein wenig Kohl, Mohrrüben, Petersilie und dergleichen Küchenkräuter zu ziehen. Der Obstanbau liege im Argen. In treudeutschem Vertrauen auf die Weisheit und Wirksamkeit obrigkeitlicher Verordnungen schreibt er: *„Man muß das grobe Volk mit großen Ernst darzu halten, daß sie Obstbäume zeugen. Wenn ich Oberkeit*

Pflanzen aus Amerika:

Die Feuerbohne (oben) und die Dahlie (unten), früher Georgine genannt, haben sich so gut eingebürgert, dass man sie heute nicht mehr als fremdartig empfindet.

Ein Nürnberger Bürgergarten zur Hausväterzeit. Aus solchen Gärten wurden Rosen- und Beerenhochstämmchen in den Bauerngarten übernommen, obwohl sie so arbeitsaufwändig sind, dass sie gar nicht in einen Bauerngarten zu passen scheinen.

wäre, so wollte ich ihnen mit Ernst auflegen, daß ein jeder Bauer das Jahr zu wenigsten sechs oder acht Stämme setzen und propfen und allerlei Obst in die Gärten zeugen müßte." Außerdem sollten die Pfarrer nach jeder sonntäglichen Predigt das Volk ermahnen und dazu ansagen, wann Mondauf- und -untergang sei, damit die Bauern mit Säen und Pflanzen sich danach richten könnten, denn man müsse pflanzen, wenn der Mond unter der Erde sei.

Der Bürgergarten zur Hausväterzeit

Wir haben es bisher in dieser Broschüre so gehalten, dass zwar der Bauerngarten im Mittelpunkt der Betrachtung stand, dass wir aber auch über den Zaun in andere Gärten schauten, beispielsweise in klösterliche oder fürstliche Gärten. Jetzt sollten wir ein wenig in bürgerliche Gärten der beginnenden Neuzeit gucken, kurzum in die Gärten von Gartenfreunden wie du und ich. Kulturgeschichte zu erzählen, ist ohnehin kein leichtes Unterfangen, denn zu jeder geistigen Bewegung – und alle geistigen Bewegungen der Geschichte sind im Garten abzulesen – gibt es eine Gegenbewegung. Das ist heute nicht anders: die „sterilen" Rasen-Rosen-Koniferen-Gärten stehen zu den „schlampigen" Öko-Gärten in unversöhnlichem Gegensatz. Zu Beginn der Neuzeit, während Pizzaro Amerika eroberte, während Maghellan die Welt umsegelte, während die größten Abenteuer der Weltgeschichte bestanden wurden, hielt sich ein großer Teil der Bevölkerung angesichts der ungeheuerlichen Neuerungen Augen und Ohren zu, schlüpfte sozusagen in die angewärmten Filzpantoffeln und bestellte bieder und bisweilen auch ideologisch verbissen den Garten. Diese Geistesrichtung ist als so genannte „Hausväterliteratur" in die Geschichte eingegangen. Der Hausvater macht dies, der Hausvater macht das, heißt es da. Der Hausvater legt den *„Baumgarten, den Blumengarten, den Garten für wohlrie-*

chende, nützliche Kräuter und den für eitel Küchenspeise" an. Der Hausvater errichtet hohe Zäune, dass man das Obst von draußen nicht sehe, und wenn er Obstbäume veredelt, träufelt er Hechtblut zwischen die Unterlage und Pfropfreis, damit die Äpfel rote Backen bekommen, oder er kaut Zimt und träufelt den Speichel auf die Unterlage. Der Hausvater verfüttert Unkraut und Gartenabfälle an die Schweine, weil auf Haufen herumliegende Gartenabfälle (Kompost?) eine gewaltige Schlamperei seien. Um 1580 heißt es, der Hausvater legt mit Brettern bedeckte Pferdemistbeete an, um „rare ausländische Samen" heranzuziehen. Der Hausvater düngt den Boden mit Asche, Gerberlohe, Waldstreu und Hornspänen, kurzum, der Hausvater weiß alles im Garten und weiß alles besser. Und gerade dann, wenn die Leserin denkt, dies sei wohl eine Zeit gewesen, in der sich die Frau im Sessel zurücklehnen und dem Hausvater bei der Gartenarbeit zuschauen konnte, sagt der Hausvater, die Frau habe zu jäten, weil diese Arbeit feine Fingerlein erfordere. Nur der Berner Ratsherr Daniel Rhagor, pekuniär gesonnen nach Schweizer Art, schreibt seinen „Pflantz-Gart" ausdrücklich für die Bürgersfrauen, wobei ihnen der *„Garten für den Mund und den Bauch"* etwas *„in den Säckel eintragen"* solle. Inzwischen hatten, von konservativen Gartenexperten argwöhnisch beäugt, Sonnenblumen, Fuchsien, Zinnien, Kapuzinerkresse, Herbstastern, Goldrute, Sonnenhut, Sonnenbraut, Tagetes oder „Stinkende Hoffart" und Phlox in den Gärten Fuß oder besser Wurzel gefasst. Die Myrte aus dem Mittelmeergebiet ersetzte den Rosmarin als Brautschmuck. Im fürstbischöflichen Garten des Conrad von Gemmingen um die Willibaldsburg bei Eichstätt wuchsen nahezu alle um diese Zeit bekannten gebräuchlichen und auch die raren Gewächse, beschrieben und gemalt in dem herrlichen Buch *„Hortus Eystettensis"* (1612–1617).

Historische Gärten im Freilichtmuseum an der Glentleiten: Gärten mit Pflanzen aus der Zeit Hildegards von Bingen (oben) und Karls des Großen (unten).

Barock und Rokoko

In diese Idylle brach dann der Dreißigjährige Krieg (1618–1648) herein. Während bei uns die Städte zerstört, die Menschen erschlagen und die Gärten verwüstet wurden, bereitete sich in Italien ein neuer Kunststil vor. Sein Name „Barock“ war ein Schimpfwort, das vom spanischen Begriff *„barueco“* für „krumm und schief“ abgeleitet war. Der Barock (norddeutsch „das“ Barock) war eine Zeit der Fürsten. Handel und Wandel blühten. Der Wiederaufbau nach den Zerstörungen des großen Krieges brachte ein „Wirtschaftswunder“ ohnegleichen hervor. Kolossale Schlösser mit repräsentativen Gärten wurden angelegt, wie etwa Herrenhausen bei Hannover, Ludwigsburg bei Stuttgart und Nymphenburg in München, um nur drei wichtige in Deutschland zu nennen. Sorgsam gestutzte und getrimmte niedrige Buchshecken wurden als architektonische Elemente im Garten eingesetzt, wobei Ornamente und Muster gezogen wurden, ausgelegt mit bunten Steinchen. Heute könnten die Gärtner ohne Schwierigkeit diese farbigen, teppichartigen Muster mit Blumen anstatt mit Steinchen erzeugen, denn heute kann man durch Kreuzungen und sonstige erbbiologische Tricks exakt gleichfarbiges Blumenmaterial in beliebiger Menge hervorbringen, während man in der Barockzeit allenfalls eine Mischung aus Rot, Rosa und Weiß fertig brachte.

Tulpenfieber

Nachdem die „große“ Gartengeschichte stets auch ihren Niederschlag im Bauerngarten findet, ist dies nun die Zeit, in der die Beetumrandungen aus Buchs und das buchsgesäumte Rondell an der Kreuzung der Gartenwege in die Gärten reicher Bauern Eingang finden.

Die meisten historischen Gärten zeigen nicht mehr ihr ursprüngliches Aussehen, haben sich aber wesentliche Stilmerkmale bewahrt: der barocke Burggarten (Gruyère, oben) und der Bauerngarten, für den solche Gärten Vorbild waren.

Der „Hortus Eystettensis" gilt als eines der schönsten Pflanzenbücher überhaupt. Er wurde 1613 herausgegeben und enthält bereits viele neue Gartenpflanzen aus Amerika. Die Tomate galt zunächst als Zierpflanze, dann als Obst. Sie wurde zum Verzehr gezuckert. Erst seit diesem Jahrhundert verwendet man sie als Gemüse. Die Tomate hat sich ähnlich schwer eingeführt wie die Kartoffel, von der möglicherweise zuerst die giftigen grünen Beeren verzehrt wurden.

Auch das „Tulpenfieber" brach aus, wobei freilich nicht bekannt ist, wann das erste Exemplar dieses neumodischen Zwiebelgewächses in einen Bauerngarten gekommen ist. Wer die Freude der meisten Bäuerinnen an neuen, großen, farbigen, ausdrucksvollen Blumen kennt, darf vermuten, dass es nicht gar zu lange gedauert hat.

In diesem Jahrhundert des Barock, dem 17. Jahrhundert, hätte der vorhin zitierte Colerus eine rechte Genugtuung erfahren, denn endlich griff die Obrigkeit ein und sorgte für durchschlagende Verbesserungen im Bauerngarten: Kurfürst Friedrich Wilhelm von Brandenburg (1620–1688), genannt der Große Kurfürst, erließ die so genannten Ehestandsbaumgesetze. Jedes Brautpaar hatte vor seiner Eheschließung eine bestimmte Anzahl von Bäumen zu pflanzen. Mit typisch deutscher Gründlichkeit zog man daraufhin Unterlagen heran, die dann veredelt, gepropft, „gepelzt" und „geäugelt" wurden, so dass es im Verlauf weniger Generationen Hunderte von Apfel-, Birnen-, Kirsch- und Zwetschgensorten gab, dazu allein 87 Sorten von Haselnüssen. Auf diese Weise ist die zweite Hälfte des 19. Jahrhunderts als Zeitalter der Pomologie, also der Obstbaumwissenschaft, in die Gartengeschichte eingegangen. Wieder wurde der Ruf nach der Obrigkeit laut, dieses Mal mit der Forderung, eine rigorose Sortenbeschränkung zu verordnen.

Wir sollten aber zunächst noch kurz im 18. Jahrhundert verweilen. Es ist die etwas frivole Zeit des Rokoko. Erstmals kommt nun das heiligmäßige, altehrwürdige Wegekreuz aus der Mode und der Garten erhält den Charakter des Labyrinthischen. Außerdem wird bei den feinen Leuten das ach so urig-romantische Bauern- und Schäferleben modern. Die Damen und Herren gaben sich ungemein alternativ; sie ernteten Getreide, buken selber Brot und hüteten die Geißen. Viele Rokokobildwerke zeigen hart landwirtschaftlich arbeitende Damen in verfänglicher, meist etwas derangierter Aufmachung. So gibt es beispielsweise im Park Schönbusch bei Aschaffenburg ein eigens errichtetes „echt" holländisches Dorf, in dem die hohen Herrschaften ihren rustikalen Leidenschaften frö-

nen konnten. Ob allerdings die wirklichen Bauern und Schäfer von diesem theaterhaften Landleben besonders begeistert waren, ist höchst zweifelhaft. In Frankreich jedenfalls bereitete die Französische Revolution dieser Komödie ein blutiges Ende.
Bevor wir die Schwelle zum 19. Jahrhundert endgültig überschreiten, sollten wir uns noch ein wenig umsehen, welche Pflanzen in den ersten 300 Jahren der Neuzeit, außer den bisher schon genannten, dazugekommen sind. 1784 kam die erste Dahlie nach Europa, gerade auch von den Bäuerinnen begeistert ins Pflanzenrepertoir aufgenommen, aber misstrauisch beäugt von allen traditions- und verantwortungsbewussten Bauerngartenrettern. Um 1850 soll es bereits 1500 Dahliensorten gegeben haben, während der Österreicher Unger noch 1864 von dem neumodischen Gewächs schreibt: *„Sie hat sich auch in die kleinsten Gärten des Landvolkes eingeschlichen."* Manche Bäuerinnen nennen übrigens heute noch die Dahlien „Georginen".
Aus Afrika kamen die Duftende Reseda, Montbretien und vor allem die Geranien –, die eigentlich Pelargonien heißen –, deren feurige Kaskaden am Haus der Stolz mancher Bäuerin sind.

Nelkenfieber

Auch einige Nelken wurden in den Bauerngarten aufgenommen, nachdem im 18. und 19. Jahrhundert ein wahres „Nelkenfieber" ausgebrochen war. Nicht wegzudenken ist die Bartnelke *(Dianthus barbatus)*, im Fränkischen auch „Studentennägela" genannt, die „Brennende Liebe" genannte Chalcedonische Nelke und die Polster bildenden „Felsnägela", „Bergnägela" und „Pfingstnägela", die man auch „Totennägela" nennt. Die drei letzt genannten Arten holte man sich aus der umliegenden Landschaft. So geschah es auch mit der Frühlingsknotenblume *(Leucojum vernum)* und dem Schneeglöckchen *(Galanthus nivalis)*, wobei sich der gegenseitige Austausch zwischen Garten und Landschaft so perfekt ineinander fügte, dass bis heute in der Wissenschaft Uneinigkeit besteht, ob diese

Der „Garten von Eichstätt" ist in lateinischer Sprache verfasst. Dennoch werden auch die deutschen oder eingedeutschten Namen genannt:

I. Germ. Halbirt rothe und weisse gesprengte Negelein.
II. Germ. Fleisch-Farb gefüllt Negelein.
III. Germ. Purpur-Braun gefüllt Nägelein/ dessen Blätter sehr zerschnitten.

Diese Pflanze kennt inzwischen jeder: Das Fleißige Lieschen (Impatiens walleriana) kam 1880 aus Ostafrika zu uns. Es wird als Zimmerpflanze, in Balkonkästen, Kübeln und für Beetbepflanzung verwendet und blüht unermüdlich von April bis Oktober.

Die große Gartenbalsamine stammt aus Südostasien. Nach den ersten Nachtfrösten, wenn die Blätter abgefallen sind, zeigt sich die ganze Schönheit der glasig durchscheinenden Stängel.

Pflanzen in Mitteleuropa überhaupt wildwachsend vorkommen oder womöglich aus den Gärten ausgewildert sind. Auch Leberblümchen, Seidelbast, Waldmeister und, etwa im Jura, das Große Windröschen *(Anemone sylvestris)* wurden und werden im Selbstbedienungsverfahren aus der Umgebung in den Garten geholt. Da die meisten dieser Arten heute unter Naturschutz stehen, sollten selbstverständlich (bitte!) auch Bäuerinnen mit einer Vorliebe für Naturstauden solche Pflanzen im Handel beziehen.

Gäste aus fernen Ländern

Noch einmal seien Gäste aus weiter Ferne genannt. Australien steuerte die farbenfrohen Gartenstrohblumen für den Bauerngarten bei. China und Japan, die beiden Länder mit der vielleicht ältesten Gartenkultur, hielten ihre Grenzen bis zum Ende des 18. Jahrhunderts verschlossen. Viele damals sensationell neue Pflanzen bereichern seit Öffnung der Grenzen unsere Gärten. Im Bauerngarten sind es vor allem Tigerlilie und Sommeraster sowie die von den Dorffriedhöfen nicht wegzudenkende Chrysantheme. Zwei recht unterschiedlich aussehende, aber botanisch nahe verwandte Arten stammen aus Südostasien. Die eine ist die Balsamine *(Impatiens walleriana)*, auch „Fleißiges Lieschen" genannt. Die zweite ist das Große Springkraut *(Impatiens glandulifera)*, das bis zu zwei Meter hoch wird, eine gute Hummelpflanze ist und gerne auf den fruchtbaren Bauerngartenböden wächst. Weil sie bei Berührung der dicken, grünen Samenkapseln explosionsartig und energisch ihre Samen verschießt, wird sie im Österreichischen humorvoll „Altweiberzorn" genannt, wiederum ein Beispiel für die herzerfrischende, gefühlvolle und bisweilen auch drastische Namensgebung im Bauerngarten. Eine der neuesten, aber typischsten Bauerngartenpflanzen ist das Tränende Herz *(Dicentra spectabilis)*, erst um 1850 aus China eingeführt.

Heutige Formen des Bauerngartens

Fast jedes Kapitel dieser Broschüre war geprägt durch ein der jeweiligen Epoche entsprungenes Lamento über den Verlust des guten alten Bauerngartens. Warum sollte es in den moderneren Zeiten anders sein? So heißt es in der zweiten Hälfte des 19. Jahrhunderts: *„Armuth und Trägheit haben Verwilderung*

Geranien, die eigentlich Pelargonien heißen, stammen aus Afrika. Es ist besonders reizvoll, wenn sie nicht allein für sich, sondern zusammen mit anderen Sommerblumen verwendet werden. Erstaunlich vielleicht, dass sich der Blumenschmuck am Bauernhaus erst seit diesem Jahrhundert eingebürgert hat. Früher hatte man dafür einfach keine Zeit.

und endlich Vernichtung des Bauerngartens herbeigeführt" (Unger 1864). Hungersnöte und Jahre der Teuerung in der ersten Hälfte des 19. Jahrhunderts hatten wohl dazu beigetragen, dass vielen Bäuerinnen die Freude am Schönen und die Lust zum Experimentieren vergangen war. Bessere Zeiten kamen, als Justus von Liebig (1803–1873) die mineralische Düngung (und übrigens auch den Fleischextrakt) erfunden hatte, so dass seither die Böden immer mehr Feldfrüchte hervorgebracht haben.

Auswirkungen der industriellen Revolution

Außerdem brach die Industrialisierung und Technisierung über die Menschheit herein, gefolgt von einer völligen Veränderung der Lebensumstände und der Wertvorstellungen in Stadt und Land. Arbeitskräfte strömten in die Stadt. Um 1800 lebten 80 Prozent der Bevölkerung des deutschen Reichsgebietes auf dem Land; im Jahre 1880 waren es nur noch 34 Prozent. Bald strömten Großstadtgeschädigte zur Erholung und auch zum Wohnen aufs Land, wodurch die kulturhistorisch gewachsenen Grenzen zwischen Stadt und Land zunehmend verwischt wurden. Dieser Trend hält bis heute an. Die ländliche Bevölkerung nahm städtische Eigenschaften an, und auch der Bauerngarten „verstädterte". So klagt Hans Scherzer (1922): *„Wie nun die alles gleichmachende Gegenwart die althergebrachten Volksbräuche und Volkstrachten zu verwischen und zu vernichten droht, so beginnt sie auch unsere guten alten Bauernblumen zu verdrängen."* Scherzer macht seinerzeit die Modeblumen des „japanischen

Ob historisch geprägt (oben) oder mehr nüchtern und zweckdienlich: Alle Bauerngärten müssen praktisch sein und reichlich Erträge liefern. Sie dürfen nicht allzu viel Arbeitszeit beanspruchen und deshalb auch ein wenig verunkrauten. Selbst die Blumen werden gebraucht. Nicht nur für die Vase, auch bei Besuchen und für den Friedhof.

Gartens" für diesen Niedergang des Bauerngartens verantwortlich. Nun sind andersartige Einflüsse auf den Garten an sich nichts Schlechtes; sonst äßen wir womöglich heute noch keine Kartoffeln und Tomaten. Außerdem konnten wir bei der Betrachtung der zweitausendjährigen Gartengeschichte Europas stets auch städtische Einwirkungen auf den Bauerngarten registrieren. Alle Gartentheoretiker, wie Karl der Große, Walahfried Strabo, Hildegard von Bingen, Albertus Magnus, Conrad Gesner, die ausführlich beschriebenen Hausväter sowie die Patrizier Volckamer und Camerarius, waren keine Bauern. Auch der Einfluss der vielen gartenkundigen Pfarrer und Lehrer sollte nicht unterschätzt werden. Ihnen allen war die Pflege des Bauerngartens ein bedeutendes Anliegen, und ihnen allen sind wichtige Impulse für den Bauerngarten zu verdanken, wobei sie freilich in den meisten ihrer Schriften mit den Bauern wie mit störrischen, etwas unbedarften Kindern umsprangen.
Und welche Klagen gibt es heute zu führen? Wir wissen es alle: es geht um die Koniferen,

Altbewährte Bauerngartenpflanzen, die auch den städtischen Garten bereichern.

Der Eibisch, einmal im Garten heimisch geworden, samt sich selbst aus, ohne dabei lästig zu werden.

Das einjährige Benediktenkraut, eine heilsame Distel, zieht man am besten im Blumentopf am Küchenfenster vor.

Die Färberkamille wird man zwar nicht mehr zum Färben verwenden, sie lockt aber die Läuse von anderen Pflanzen weg.

Wegen des attraktiven Laubes sollte man die Mariendistel nicht vergessen, auch wenn die Pflanze recht wehrhaft ist.

den Zierrasen, den Asphalt und die Betonsteinpflaster bis an den Gartenrand, die garstigen Zäune sowie den Verlust an Vielfalt. Solche Gartenanlagen werden auch durch bepflanzte Kübel, Tröge, Leiterwagen und Autoreifen nicht erfreulicher.

Der Bauerngarten in unserer Zeit

Mit diesem Vorwissen ausgerüstet und vorbelastet, können wir uns nun auf die Suche nach dem guten alten Bauerngarten der Gegenwart begeben. Worauf sollten wir achten, vor allem, wenn wir nicht nur die Funktion, sondern auch die Attraktivität im Auge haben?

Vielleicht als Erstes auf die vorwiegende Verwendung natürlicher und landschaftsgebundener Materialien für Tore, Zäune, Wege und Beeteinfassungen. Für den Zaun wurden und werden dünne Rundhölzer (Hanichl), Halbhölzer oder schmale Holzlatten senkrecht an Querbalken aufgenagelt, während Bretter oder „Schwartlinge“ (das sind die ersten und letzten Bretter beim Sägevorgang) waagerecht befestigt werden. Warum aber stört (bis jetzt noch?) der „Jägerzaun“ beim Bauerngarten, obwohl er aus Holz ist? Man sieht, auch Stilfragen spielen eine Rolle, nicht nur das Material. Auch interessante gusseiserne Zäune gibt es an Bauerngärten. Auch Maschendrahtzäune sind bei sonst „ganz echten“ Bauerngärten heute eher die Regel als die Ausnahme. Häufig „verwachsen“ sie sich im Sommer mit Wicken und blühenden Stauden, vor allem, wenn die Blumenbegeisterung der Bäuerin am Zaun nicht Halt macht und auch noch der Rand der Dorfstraße mit farbenfrohen Stauden geziert wird. Zaun und Torpfosten sind aus ortsüblichen Materialien gefertigt, wie Holz, Sandstein oder Granit, aber es gibt außerdem höchst originelle Betonpfeiler.

Ohne Plastikfolie wäre sowohl der städtische, wie auch der ländliche Garten attraktiver. Aber praktisch sind diese Hüllen auf jeden Fall.

Pflanzenauswahl nach nützlichen Gesichtspunkten

Ein zweites Kriterium bei der Suche nach dem Bauerngarten sollte die Verwendung robuster, weitgehend schädlingsresistenter Pflanzenarten sein. Hierbei sollte nicht der Fehler gemacht werden, den „naturnahen" Garten, wie Ökologen und Naturschützer ihn propagieren, im Auge zu haben. „Landschaftsgebundene" Gehölze beispielsweise wird man im Bauerngarten vergeblich suchen. Wozu auch? Sie wachsen vernünftigerweise in vielen Dörfern noch am Dorfbach oder bilden den grünen Mantel des Dorfes zur Landschaft hinaus. Wo sie inzwischen fehlen, sollten sie nicht in erster Linie in die oft sehr kleinen Gärten eingebracht werden, sondern ins öffentliche Grün des Dorfes und als Heckenpflanzung in die landwirtschaftlich genutzte Flur. Natürliche, landschaftsgebundene Gehölze sind ganz besonders wichtig in den Gärten und im öffentlichen Grün der Städte, um die dortigen Biotope aufzuwerten und zu verbessern.
Reisighaufen und sonstige ökologische Unterschlupfmöglichkeiten für nützliche Tiere (und leider auch für Schnecken) wird man im Bauerngarten meistens vergeblich suchen.

Auch beim Bauerngarten kommt es auf den Menschen an, auf seine Einstellung zur Natur und seine Freude am Garten.

Der Experimentierfreude vorangegangener Generationen sind so widerstandsfähige Pflanzen wie die Kaiserkrone zu verdanken.

Zwar ausdauernd, aber kälteempfindlich ist die Kermesbeere, mit der früher der Rotwein kräftiger gefärbt wurde.

Der Buchweizen war einmal lebensnotwendig. Heute ist er wieder bei den Freunden der Naturkost beliebt.

Auch eine Mulchdecke auf den Beeten und eine ökowissenschaftlich exakte Kompostkomposition sind im Bauerngarten fast nie zu finden. Nicht, dass solche Maßnahmen schlecht wären; sie seien hiermit jedem Gartenfreund empfohlen! Aber der Bauerngarten hat seine eigenen jahrhundertealten Ökogesetze, in ihm muss man die Ökologie nicht erst „machen". Der Bauerngarten ist ein intensiv genutztes Stückchen Land, bei dem der Gemüseanbau für die Familie im Mittelpunkt steht. Zierpflanzen zur Freude der Augen und fürs Brauchtum stehen am Rand, was ganz wortwörtlich, aber auch im übertragenen Sinn gemeint ist.

Experimentierfreude mit modernen Arten und Sorten

Daraus ergibt sich ein drittes Kriterium des Bauerngartens: eine Vielfalt von Pflanzen steht „in bunter Mischung" beisammen. Man hat deshalb häufig den Bauerngarten als „verzierten Nutzgarten" bezeichnet. Diese Kennzeichnung ist deshalb wichtig, weil mancher Städter bei der Suche nach dem guten alten Bauerngarten überhaupt nicht aufs Gemüse schaut, sondern nur nach Tränendem Herz, Glaskugeln und allerhand urigem Schnickschnack. Die Gemüse sind nicht nur die „guten alten" Sorten, die bisweilen gar nicht so gut sind, wie mancher Theoretiker meint. Außerdem sind viele Bäuerinnen ausgesprochen experimentierfreudig. So hat beispielsweise die Verfasserin dieses Textes die erste leibhaftige Zucchinipflanze – mit Blättern so groß wie Regenschirmen wegen der beträchtlichen Versorgung mit Mist – in einem oberfränkischen Bauerngarten gesehen. Die Bäuerin wusste zwar noch nicht, wie sie die gewaltigen neumodischen Früchte zubereiten

Am besten sieht es aus, wenn im Bauerngarten das Frühbeet zur Ernteverfrühung und zur Anzucht verwendet wird. Hier wird häufig improvisiert. Man verwendet alte Fenster vom Hausumbau oder baut eine Abdeckung für den Sommer.

würde, aber *„ich hab' halt die tolle Pflanze einfach haben wollen"*.
Überhaupt, verehrter städtischer Gartenfreund, unterhalten Sie sich mit den Bäuerinnen. Sie werden vieles über den Garten erfahren, was in keinem Buch steht. Sie werden erkennen, dass die Bäuerinnen außer Gemüsen und Blumen in ihren Gärten auch Humor und gesunde Lebensanschauung ernten. Sie werden freilich auch erleben, vor allem, wenn Sie etwas sachkundig auftreten, dass man ungeniert ihre Arten-, Sorten- und sonstige Gartenkenntnis testet. Sie werden feststellen, dass Eissalat, Zuckerhutsalat, Chinakohl und Brokkoli im Bauerngarten fast eine Selbstverständlichkeit sind. In vielen Gärten hat man ohnehin seit Generationen fabelhafte Mistbeete und neuerdings auch die kleinen, wohlfeilen Gewächshäuser, deren Kunststoffhaut neben Päonien und Marienglockenblumen nicht eben fotogen ist, mit deren Hilfe aber die Familie mit frühen Gurken, Paprika und Fleischtomaten versorgt werden kann. Hier betätigt sich bisweilen auch der Bauer, zu dessen Aufgabenkreis normalerweise nicht die Pflege des Gartens gehört. Soweit es den Garten betrifft, hat der Bauer allenfalls den Obstanbau und die Bienenzucht im Auge.

In Bauerngärten wird alles gerne selbst herangezogen. Nur was ausreichend robust ist, kann sich durchsetzen.

Die Schwertlilie kann eine Generation lang am selben Fleck verbleiben und wird dabei immer schöner.

Der Lein, früher eine wichtige Kulturpflanze, wird heute vorwiegend als Zierpflanze verwendet.

Ein Gartenneuling ist das Tränende Herz, das erst um 1850, aus China kommend, in unseren Gärten Aufnahme fand.

Zur Ökologie des Bauerngartens

Das vierte Kriterium des Bauerngartens sollte der Verzicht auf chemische Pflanzenschutzmittel und chemische Düngung sein sowie eine gewisse Toleranz gegenüber „Unkräutern". Gemischte Kulturen (nicht im eigentlichen Sinn „Mischkulturen"!) aus Gemüsen, Blumen und Kräutern halten den Schädlings- und Krankheitsbefall in tolerierbaren Grenzen. Gegen Unkräuter wird mechanisch vorgegangen, soweit sie im Beet stören, ansonsten arrangiert man sich mit ihnen und hat Respekt vor ihrer Heilwirkung, auch wenn man nur noch ganz dunkel weiß, welche Beschwerden bei Mensch und Vieh die Großmutter früher mit diesem oder jenem Pflänzchen geheilt hat. Mit dieser „Beurteilungsschablone" ausgerüstet werden wir feststellen, dass es auch heute noch, trotz des vielbeklagten Niederganges, viele schöne Gärten auf dem Land zu entdecken gibt. Im Idealfall gibt es bei ein- und demselben Hof voneinander abgesetzt den eingezäunten, verzierten Gemüsegarten, den Bauerngarten und am Haus den blumengeschmückten Vorgarten sowie Topf- und Trogbepflanzung.

Verschiedene Lebensbereiche des Bauerngartens

Zum Ersten gibt es den stets umzäunten **Blumen-Gemüse-Kräuter-Garten,** eben jenen ausführlich besprochenen „verzierten Nutzgarten", auf den meist das Hauptaugenmerk gerichtet wird. Er war früher, wie man hört, meistens viel größer, weil der Hof mehr Menschen zu versorgen hatte. Als zweiten Typus gibt es den **Kraut- oder Feldgarten,** in dem am Rand der Felder Grobgemüse, wie etwa

oben: Vor allem in Gebieten, in denen Erbteilung herrschte, sind die Dörfer zu eng für größere Bauerngärten. Dort wird das Grobgemüse auf dem Feld mit angebaut.

unten: Zum Bauerngarten gehören auch die Kübelpflanzen im Hof und die Blumen am Fenster.

Die Ausstattung der Bauerngärten: *Gartenkugeln sind liebenswerte Schmuckstücke, die eigentlich zu Rosen gehören.*

Taubenschläge sind meist phantasiereiche Gebilde und zeugen dann von großen handwerklichen Fertigkeiten.

Ein Starenkasten und andere Nisthilfen werden gut angenommen.

Selbst in engen fränkischen Straßendörfern lassen robuste Sommerblumen vor dem Haus eine Gartenstimmung aufkommen.

Ein ungeteerter Hof ist immer der schönere, vor allem, wenn nicht befahrene Flächen bepflanzt sind.

Weißkohl fürs Sauerkraut, angebaut wird. Drittens findet man den oft sehr farbenfrohen **Ziergarten** vor dem Haus, bisweilen mit Kletterrosen, Geißblatt oder Birnen- und Weinspalieren. Dieser Gartentypus fiel inzwischen oft dem Straßenausbau zum Opfer. Zum Ziergarten sollte man auch die **Kübelpflanzen** neben der Haustür und die **Zierpflanzen auf den Fensterbrettern** zählen. Recht „südländisch" geht es da oft zu. Außer Fuchsien und den früher häufigeren Myrten sieht man oft den Oleander. Eine lange Tradition haben der rot blühende „Bauernkaktus" *(Epiphyllum-Hybriden)* und die als „Heildistel" oder „Wundkaktus" bezeichnete *Aloe arborescens*, von der es im Volksmund heißt: *„Die Aloe tut bitter weh, doch schafft sie rote Wangen"*. Auch die heil- und zauberkräftige Hauswurz auf dem Torpfosten sollte hier eingereiht werden.
Die grüne Umkränzung der Dörfer bilden die **Baum-, Gras- oder Hennengärten**, die häufig von Hecken umgeben sind und die eine gut eineinhalbtausendjährige Geschichte haben. **Kirsch-, Zwetschgen- oder Weingärten** lehnen sich vor allem im fränkischen Teil Bayerns an die Hänge. Nussbäume und Quittenbäume sowie bisweilen die Mispel sind in solchen Bereichen zu finden. Auch die Kermesbeere *(Phytolacca americana)*, mit deren brombeerähnlichen Beeren früher zu „blass" ausgefallener Rotwein gefärbt wurde, gibt es hier bisweilen noch. Im Frühling blüht da und dort noch die Wilde Tulpe *(Tulipa sylvestris)*, die auch in die Bauerngärten geholt wurde.
Ein schönes Beispiel für eine intakte Dorfgemeinschaft sind **Gemeinschaftsgartenanlagen**, wo die Bäuerinnen Sämereien, Ableger und Neuigkeiten tauschen können. Steinbach an der Haide im nördlichen Frankenwald und

oben: Der Obstgarten, ein Haus- oder Hofbaum sind wie ein Familienwappen. Sie passen auch zum modernen Erwerbsbetrieb, so dass man sich dort zu Hause fühlen kann.

unten: Gemeinschaftsgärten, wie hier in Steinbach an der Haide, sind nicht allzu häufig. Hier entstand er aus einem gemeinschaftlichen Rübenpflanzengarten.

Mainstockheim bei Würzburg bieten solche Beispiele. **Wohngärten** mit Rasenfläche, Kamin, Grill und Hollywoodschaukel mögen sich für den strengen Betrachter nicht so recht ins stilistisch reine Bauerngartenbild einfügen. Warum eigentlich? Darf sich nur ein Städter am Sonntag im Garten erholen? Zudem sind solche Lustbarkeiten ohnehin meistens nur für Pensions-Gäste gedacht, die „Ferien auf dem Bauernhof" verleben.

Als Fazit wäre vielleicht zu vermerken, dass der Bauerngarten wieder in Mode ist, so sehr, dass manche Städter mit Stolz verkünden, sie hätten sich einen Bauerngarten angelegt. So etwas geht nicht, denn ein Bauerngarten muss wachsen. Rustikale Bestrebungen dieser Art sind in der Geschichte nicht neu. Sie tauchen immer in Zeiten des Wohlstandes und der Verfeinerung auf. Bauernhof- und Bauerngartenmuseen erfreuen sich großer Beliebtheit und hoher Besucherzahlen. Die präsentierten Gärten sind freilich oft „zu schön, um wahr zu sein", so dass man auf Exkursionen immer wieder erlebt, dass Bäuerinnen die besonders stilvollen Gärten ausgesprochen affig finden. Museumsgärten bieten aber doch einen guten Überblick über die historische Entwicklung des Pflanzenbestandes, der Zaunformen, der Wegbeläge und der Beeteinfassungen im Bauerngarten.

Nur vier solcher Einrichtungen in Bayern seien genannt: das Oberbayerische Freilandmuseum an der Glentleiten bei Kochel, das Museumsdorf Massing zwischen München und Passau, das Gärtner- und Häckermuseum in Bamberg und das Fränkische Freilandmuseum in Bad Windsheim.

Auch die Wissenschaft nimmt sich wieder des Bauerngartens aus botanischer, historischer und soziologischer Sicht an. Zwei Namen seien mit Dank erwähnt, weil aus ihren Arbeiten wichtige Fakten und Bestätigungen eigener

oben: Geradezu eine Modepflanze wurde inzwischen die Engelstrompete.

unten: Die Feierabendbank, meist die einzige „Freizeiteinrichtung" des Bauerngartens, befindet sich am bevorzugten Platz, umgeben von Blumen und Pflanzkübeln.

Beobachtungen entnommen werden konnten. Der Botaniker Dr. Peter Titze von der Universität Erlangen erfasste in jahrelanger Dokumentation methodisch die Pflanzenarten mehrerer Dörfer und vieler Bauerngärten und konnte feststellen, dass es in Franken ungefähr 600 verschiedene Kulturpflanzen gibt. Erika Prehn von der Fachhochschule Weihenstephan dokumentierte die Gärten im Fuchstal (westlich des Ammersees) unter besonderer Berücksichtigung ihrer kulturhistorischen Bedeutung. Neu in diesen beiden und den meisten anderen modernen Veröffentlichungen zum Thema Bauerngarten ist ein tiefer Respekt vor den Leistungen der Bäuerinnen.

Auch wenn hiermit „pro domo" gesprochen wird, sollte zum Schluss vor allem das Verdienst der ländlichen Gartenbauvereine hervorgehoben werden, die mit ihrem idealistischen Einsatz und ihrer qualifizierten Vortrags- und Beratungsarbeit viel beitragen, um die Synthese zwischen Tradition und neuen Impulsen herzustellen. Auf diese Weise wird ein Stück dörflicher Lebensqualität im Strudel der rasanten Veränderungen erhalten oder auch neu geschaffen. Man darf deshalb guten Mutes sein, dass auch im dritten Jahrtausend unserer Zeitrechnung der Bauerngarten dem Gaumen- und Augenschmaus dienen wird.

Bauerngärten in den Freilichtmuseen

Fast jedes Bauernhofmuseum hat auch einen oder mehrere Bauerngärten angelegt. Es kann deshalb lohnend sein, sich hier zu informieren um aufs Neue die alten Gartenkostbarkeiten zu entdecken. Viele Museen haben es sich sogar zur Aufgabe gemacht, solche Anregungen zu vermitteln, um dadurch die Gärten wieder reichhaltiger werden zu lassen. Schwierigkeiten können allerdings auftreten, wenn man sich die früher allgemein ge-

oben: Fränkischer Nutzgarten im Freilandmuseum Bad Windsheim.

unten: Aus Amerika stammende Bauerngartenblumen in Amerang.

bräuchlichen, heute aber selten gewordenen Pflanzen beschaffen will. Hierbei kann man noch wirkliche Entdeckerabenteuer erleben.

Übersicht der bayerischen Freilichtmuseen

Bauernhausmuseum Amerang
83123 Amerang, Tel. 0 80 75/9 15 09-0
Geöffnet: von Mitte März–Anfang November
Dienstag–Sonntag, 9–18 Uhr
Bauernhäuser und Gärten aus Oberbayern

Fränkisches Freilandmuseum
91438 Bad Windsheim, Tel. 0 98 41/66 80-0
Geöffnet: von Mitte März–Mitte Oktober
Dienstag–Sonntag, 9–18 Uhr
Hauslandschaften des gesamten fränkischen Raumes

Freilichtmuseum des Bezirks Oberbayern an der Glentleiten
82439 Großweil, Tel. 0 88 51/1 85-0
Geöffnet: von April–Oktober
Dienstag–Sonntag, 9–18 Uhr
Ländliche Bau- und Wohnkultur aus 5 Jahrhunderten.
Gärten aus der Zeit Karls des Großen bis zur Neuzeit.

Schwäbisches Bauernhofmuseum
87758 Kronburg-Illerbeuren, Tel. 0 83 94/14 55
Geöffnet: von März–November
Dienstag–Sonntag, 9–18 Uhr (April–Oktober)
10–16 Uhr (März und November)
Ländliche Bau- und Wohnkultur, vor allem aus dem Allgäu.

Freilichtmuseum Massing
84323 Massing, Tel. 0 87 24/96 03-0
Geöffnet: von April–Oktober
Dienstag–Sonntag, 9–18 Uhr
Ländliche Baukultur aus dem Regierungsbezirk Niederbayern südlich der Donau.

Freilichtmuseum Bayer. Wald in Finsterau
94151 Mauth-Finsterau, Tel. 0 85 57/96 06-0
Geöffnet: von Mai–September
Dienstag–Sonntag, 9–18 Uhr
Im Winter 11–16 Uhr
Baukultur aus dem Bayerischen Wald

Museumsdorf Bayerischer Wald
94104 Tittling, Tel. 0 85 04/84 82
Geöffnet: von April–Oktober
Täglich 9–17 Uhr
Das Museumsdorf zeigt die historischen Bauformen des Bayerischen Waldes aus der Zeit von 1580 bis 1850.

Freilichtmuseum Donaumoos (Stiftung Donaumoos)
86668 Karlshuld, Tel. 0 84 54/95-2 05
Geöffnet: Dienstag–Donnerstag, 8–17 Uhr
Freitag, 8–15 Uhr, Samstag und Sonntag, 13–17 Uhr

oben: Bauernhofmuseum in Massing.

unten: Einer der historisch bepflanzten Gärten an der Glentleiten.

Bücher von Frau Dr. Hohenberger aus unserem Verlag

Gewürzkräuter und Heilpflanzen

84 Seiten, 98 Fotos, 89 Gartenkräuter
Euro 6,00 zzgl. Versandkosten

Weder Apotheker noch Ärzte hätten erwartet, dass Heilpflanzen wieder so eine wichtige Rolle in der modernen Medizin spielen würden, wie sie es derzeit tun. Man gilt inzwischen längst nicht mehr als altmodisch, wenn man kleinere und größere Unpässlichkeiten und Beschwerden rein pflanzlich behandelt.
Für Kräuter ist im Grunde in jedem Garten Platz. Sie gedeihen auch auf Flächen, wo sonst fast nichts mehr geht. Beschrieben werden der Anbau, die Ernte und Aufbereitung sowie die Inhaltsstoffe und deren medizinische Wirkung und Verwendung.
Zu den wichtigsten Pflanzen gibt es Rezepte für die Verwendung in der Küche bzw. für die Herstellung von Tees, Salben, Säften, Tinkturen.

Giftpflanzen und allergieerzeugende Pflanzen
im Garten, in der Natur und im Zimmer

100 Seiten, 204 Fotos, 230 Pflanzen
Euro 8,50 zzgl. Versandkosten

Giftige, hautreizende und allergieerzeugende Pflanzen sind ein selbstverständlicher Teil unserer Umwelt. In Mitteleuropa gibt es ungefähr 50 Pflanzenfamilien mit Arten, in denen Giftstoffe vorkommen. In ganz Europa gelten fast 400 Pflanzenarten als giftig. Das allein zeigt, dass eine giftfreie Umwelt oder der „giftfreie Garten" nicht möglich sind. Wir müssen mit diesen Pflanzen leben.
Wir haben uns auf die Pflanzen konzentriert, die in Haus und Garten häufig vorkommen und bei denen die meisten Vergiftungserscheinungen auftreten. Beschrieben werden die Vergiftungssymptome und die grundsätzlichen Regeln für deren Behandlung.

Die Gartenbuchhandlung des Obst- und Gartenbauverlages

- Über 2000 verschiedene Fachbücher
- Modernes Antiquariat, spezialisiert auf preisgünstige Ausgaben
- Qualitätswerkzeuge wie Scheren, Sägen, Messer
- Fachzeitschrift „Der praktische Gartenratgeber" mit Tipps und Anregungen für den Freizeitgärtner

Öffnungszeiten:
Montag – Donnerstag 8–16.30 Uhr, Freitag 8–14 Uhr
Herzog-Heinrich-Straße 21 · 80336 München
Telefon: 089/54 43 05-14/15 · Telefax: 089/5 32 88 41
Nähe Theresienwiese, U-Bahn-Station Goetheplatz,
Parkplätze direkt vor dem Haus
Online-Shop: www.gartenratgeber.de

Gartenbauvereine
helfen Mensch und Natur!

Die Mitgliedschaft in einem Gartenbauverein eröffnet viele Möglichkeiten die Gartenleidenschaft zu teilen.
Gleichzeitig erhalten Sie Informationen zu allen Fragen rund um den Garten.

Kompetenz & Erfahrung

Wir geben unseren Mitgliedern praxisnahe Hilfestellung zur Anlage und Pflege von Gärten. Wir fördern den Erfahrungsaustausch über den Gartenzaun hinweg.

Natur & Familie

Wir sensibilisieren und begeistern auch Kinder und junge Menschen für die Belange der Natur. Wir erhalten die Natur für unsere Kinder als ein lebens- und erlebenswertes Gut.

Gartenkultur & Landespflege

Wir vermitteln Freude am Garten. Wir leisten unseren aktiven Beitrag zur Verschönerung der Dörfer, Gemeinden und Städte durch naturnahe Gärten, Wettbewerb, Pflanzaktionen und Patenschaften.

BAYERISCHER LANDESVERBAND FÜR GARTENBAU UND LANDESPFLEGE E.V.

Willkommen in einer großen Gemeinschaft

Mehr als 525.000 Mitglieder in über 3.300 Vereinen sind unter dem Dach des Bayerischen Landesverbandes für Gartenbau und Landespflege e.V. zusammengeschlossen.
Nicht nur von anderen fordern, sondern selbst anpacken und mit positiven, nachahmenswerten Beispielen neue Wege aufzeigen, ist unser Erfolgsrezept.
Seit über 100 Jahren treten wir ein für die Förderung von Obst- und Gartenbau, Umweltschutz, Heimatpflege und somit für die gesamte Landeskultur.
Ziel unserer Bildungsarbeit ist es, ein verstärktes ökologisches Verständnis bei möglichst vielen Bürgern zu wecken sowie für die Bewahrung und Förderung der Natur in Garten, Siedlung und Landschaft als „Kulturaufgabe" zu werben. Die Dachorganisation der Gartenbauvereine ist deshalb bemüht, mit praxisnahen Unterlagen in Form von Diaserien, Merk- und Fachblättern, Broschüren sowie der Monatszeitschrift „Der praktische Gartenratgeber" die bestmögliche Beratung zu leisten. Darüber hinaus werden mit Schwerpunktprogrammen und Wettbewerben im ganzen Land wichtige Aktivitäten ausgelöst.

Herzog-Heinrich-Straße 21
80336 München
Telefon
0 89/54 43 05-0

Telefax
0 89/5 32 88 41
E-Mail
info@gartenbauvereine.org

Weitere Informationen auch über die Gartenbauvereine in Ihrer Nähe finden Sie im Internet unter: www.gartenbauvereine.org